投资家的思维导图

捕捉十年十倍的投资机会

姜昧军◎著

MIND MAP
FOR INVESTORS

机械工业出版社
China Machine Press

图书在版编目（CIP）数据

投资家的思维导图：捕捉十年十倍的投资机会 / 姜昧军著 . -- 北京：机械工业出版社，2022.1（2022.10 重印）

ISBN 978-7-111-69517-2

I. ①投⋯　II. ①姜⋯　III. ①投资 – 研究⋯　IV. ① F830.59

中国版本图书馆 CIP 数据核字（2021）第 221429 号

  本书根据作者二十多年在证券、保险、私募基金等大型投资机构从事资产管理的经历及实操经验，尝试展现机构投资人构建投资体系的逻辑和思维特点。虽然不同机构投资人的投资体系纷繁复杂，但也有大致相同的思维导图，本书希望能够为个人投资者理解机构投资人的投资体系提供一些线索。本书旨在通过分析中国和美国在过去十年中股价涨幅超过十倍的公司来展现作者的发现，即有四种类型的公司值得关注，它们的特点分别是滚雪球、泥石流、高周期和硬科技，这四种类型的公司是有十倍股大鱼的海域，能够在十年左右的时间给投资人带来丰厚的回报。

投资家的思维导图：捕捉十年十倍的投资机会

出版发行：机械工业出版社（北京市西城区百万庄大街 22 号　邮政编码：100037）			
责任编辑：顾　煦　殷嘉男		责任校对：马荣敏	
印　　刷：北京建宏印刷有限公司		版　　次：2022 年 10 月第 1 版第 5 次印刷	
开　　本：170mm×230mm　1/16		印　　张：14.5	
书　　号：ISBN 978-7-111-69517-2		定　　价：80.00 元	

客服电话：（010）88361066　68326294

版权所有·侵权必究
封底无防伪标均为盗版

推荐序一

投资成功的思维逻辑

"十年十倍"是投资者都希望能大概率实现的业绩,这需要投资者在资产配置和企业选择方面具有清晰且系统的思维逻辑。

作者基于其二十多年丰富和成功的投资实践,提出了在周期性、消费品和硬科技三个行业中进行资产配置和企业选择的思维逻辑方法。

对于周期性行业中的企业来说,财务业绩和股价波动是常态,因此,驾驭波动的能力是成功的关键,具体体现在择时和择股两方面。择时是指把握周期性行业中的企业股价波动的能力,并以此选择买入时机,公众投资者往往对周期性行业的企业财务业绩波动反应过度。择股是指识别周期性行业中强势企业的能力,周期性行业中的弱势企业容易陷入流动性困境甚至破产,而强势企业却可以趁机以低成本获取资源和市场,强者恒强。

消费品行业中的企业应关注消费趋势和品牌。例如,元气森林创始人团队敏锐地洞察到新生代饮品的消费诉求和趋势,用心打磨产品并迭代,成就了这一新品牌。

对于硬科技行业中的企业来说,其核心竞争优势源于保持技术领先。但技术门槛不高的硬科技行业企业往往容易遭受"五力"威胁,包括技术路线替代和潜在进入者的威胁,一些潜在进入者通过挖人和利用市场订单、财务实力等优势,实现技术追赶和超越。因此,硬科技行业企业需要关注其商业模式升级迭代能力，特别是研发和销售模式，以及能否从"五力"（尤其是同一行业的公司间的竞争威胁、与供应商和购买者讨价还价的能力）中找到"五利"（尤其是利益相关者），拉开技术优势，提高技术壁垒，提高市场份额。

  本书关于上述投资思维逻辑的阐述通俗易懂，有助于引发投资者的深度思考，值得投资者借鉴。

朱武祥

清华大学经济管理学院金融系教授

清华经管商业模式创新研究中心主任

推荐序二

积极投资管理人的叙事

作者姜昧军从投资研发做起，后担任保险公司的投资部总经理，再后来深耕于私募基金领域。作为积极投资管理人，他为投资人进行积极投资，本书展示了他在投资中所践行的主张和方法，阅读本书后，投资人可以轻松提升"投资原力"。书中以"投资原力"即投资人的能量场为起点，讨论如何积极扩展能力舒适区，形成能力圈，再形成自己的独特能力场，并比对现实市场来不断调整自己的投资能力和投资效率。积极投资人认为：投资能力是控制风险的最好手段；波动是投资的成本；波动管理虽然可能会降低短期回报率，但并不影响长期回报；风险的本质是投资能力弱和不能认识到自己的错误。

本书在资产配置方法上的论述非常出彩，反映出了作者丰富的投资经验。投资配置大道至简，只需要在两个方面进行探索：一方面是高波动的周期资产如何赚取"贝塔"收益；另一方面是高科技成长资产如何赚取"阿尔法"收益。作者认为此二者是一切投资超额收益的来源。通过宏观论述配合简单的凯利公式，作者就把高波动周期股的配置说清楚了，而"高科技+商业模式"的论述更契合企业现实。

本书结合宏观与微观，实现诙谐与严谨并存，为积极投资人奏起了增添能量的乐章。

张平

国家金融与发展实验室

序　言

机构投资者是资本市场的重要力量,在资本市场中,在个人与机构以及机构与机构激烈博弈的过程中,优秀的机构投资人显示出了良好的投资收益和风险控制能力,取得了卓越的投资业绩。但是目前流行的"抄作业"式的简单模仿往往效果不佳,甚至事与愿违,"没赶上吃肉反遭暴打"的情况屡屡发生。知其然更要知其所以然,理解不同机构投资者整体的投资体系,相当于破解一家投资机构的核心密码,这显然要比机械式的抄袭更为有效。

机构投资者以其庞大的体量进行大手笔的投资,明星投资案例像在大海里潜行的鲸鱼,大部分时间我们知道它们的存在,甚至能够感觉到它们近在咫尺,但在资本市场这个海洋里,我们不能"全须全尾"地看到它们的全貌。往往在不经意间,鲸鱼突然跃出海面,重达30吨的庞然大物在海面上腾空而起,溅起水花,我们才能感受到这种海中巨兽的力量。

本书根据我20多年在证券、保险、私募基金等大型投资机构从事资产管理的经历,以及我本人和大江洪流在投资理念和投资框架方面的实操经验,尝试展现机构投资人构建投资体系的逻辑和思维特点,希望能够为个人投资者理解机构投资人提供一些线索。

从投资方法来看,虽然纷繁复杂,但大体分为两类。一类是建立在与其他投资人博弈基础上的,技术分析就是这一方法的集中体现。要在博弈中取胜,就要更快地掌握信息,更深入地理解市场的走势趋势，洞悉亿万投资人的想法，以及"想法的想法"，从而形成自己独特的投资策略，保证投资成功率。基于行为金融学等量化投资的思想也是博弈的思路，是通过机器来对抗人的行为。

另一类是与上市公司共同成长，投资收益主要来自上市公司业绩的增长，虽然也受到短期估值、市场情绪的影响，但是总体来说，对投资贡献最大的仍然是公司长期价值的增长，表现为上市公司收入、利润、资产规模、现金流等大幅度上涨。随着时间的流逝，这些增长可以使公司在相当长的时间内保持竞争优势，实现股东收益与公司发展双赢的局面。在与优秀上市公司共成长的逻辑中，投资上市公司的理念、心态和逻辑跟投资非上市公司是一样的，就是把自身作为上市公司股东，追求上市公司的长期发展。一家公司的短期发展往往是确定的，投资人对于上市公司的定价分歧往往源于对公司长期发展的不同判断，只有经过时间的沉淀才能验证谁的判断更为准确，"潮水退了才知道谁在裸游"。因此，这类投资往往相对期限较长。时间对基于基本面的投资而言既是朋友，也是最大的敌人，因为，一旦判断错误，过往的时间不会重来，投资人面临的往往是时间与金钱的双重损失。

做投资也要有实业心态，即长期与优秀上市公司共成长，其中的关键在于"优秀"。那么，哪些公司具备长期增长的潜力？哪些公司又能够承受竞争的洗礼，在激烈的竞争中保持强劲的动力？本书旨在通过分析中国和美国在过去十年中股价涨幅超过十倍的公司，给十年十倍的股票群体（也就是英文中常说的 tenbagger）画一个画像，看看它们具有哪些特点，能够在十年的长期内给投资人带来丰厚的回报。通过分析，我们发现，有四种类型的公司值得关注，它们的特点分别是滚雪球、泥石流、高周期和硬科技，这四个领域是有十倍股大鱼的海域，值得投资人在这个海域"深耕细作"。

目 录

推荐序一

推荐序二

序　言

|第一部分|
投资的逻辑

|第1章| **投资的原点** 　　2

　　原力是思维原点　　2

　　投资能力是控制风险最好的工具　　3

　　扩大能力的舒适区　　4

　　不赚能力圈以外的钱　　6

|第2章| **认识市场波动** 　　9

　　风险并非源于波动，它只是策略与现实的背离　　9

　　波动是成本：投资即使做对方向，波动也让目标难以实现　　10

　　投资时间过短，只能赚了个寂寞　　12

　　与波动共舞：以消费类公司投资为例　　15

|第3章| **投资组合与投资风险** 　　18

　　投研团队是分散风险的双刃剑　　18

　　　　分清鸡蛋、鸭蛋、鹅蛋：标准正确才能真的分散风险　　20
　　　　基金专家系统为什么能战胜风险　　23

|第4章| **正确认识估值**　　29

　　　　格雷厄姆式投资："便宜就是硬道理"的时代过去了　　29
　　　　巴菲特最初的实践：格雷厄姆价值投资的一次不成功的尝试　　32
　　　　中国股市的便宜货不多　　33
　　　　过去11年，成长股完胜价值股　　34
　　　　成长股估值：高但有逻辑支持　　37
　　　　当前成长股估值具有合理性：新业态颠覆估值模式　　38
　　　　估值过高的消费股，相当于争抢煮熟的豆子　　40
　　　　高周期股：估值不重要，关键还是对周期的把握　　41

|第二部分|

十年十倍股地图

|第5章| **寻找十年十倍股**　　46

　　　　十倍股地图：美国和中国十年十倍股的行业分布特征　　47
　　　　寻找十倍股：滚雪球而不是滚铁环　　49
　　　　十倍股不能只看行业需求爆发　　51

|第6章| **硬核科技公司**　　55

　　　　一招鲜，吃遍天：研发型科技公司颠覆性创新　　55

　　　　研发+重资本投入：摩尔定律与弯道超车　　　　　　　　　　58

　　　　钢铁是怎样炼成的：埃隆·马斯克与特斯拉的启示　　　　　60

　　　　英特尔和英伟达：领先者的狂奔和追赶者的"弯道超车"　　70

　　　　在"平的世界"里：新技术和新商业模式的结合造就横空出世的

　　　　　颠覆者　　　　　　　　　　　　　　　　　　　　　　72

|第7章| **滚雪球：消费、服务赛道**　　　　　　　　　　　　　　　79

　　　　不容易被变革所颠覆的稳定坡道　　　　　　　　　　　　79

　　　　招商银行的标杆富国银行：战略定位决定长期价值　　　　83

　　　　长赛道：满足人的基本需求，行业具备长期的增长能力　　88

　　　　湿的雪：分散的行业竞争格局　　　　　　　　　　　　　90

　　　　消费行业的新趋势：重构与解构　　　　　　　　　　　　92

|第8章| **泥石流：新商业模式公司**　　　　　　　　　　　　　　107

　　　　客户即价值：跨界新物种的八爪鱼增长模式　　　　　　107

　　　　新商业模式不是雪球，是泥石流　　　　　　　　　　　113

　　　　亚马逊：2367倍涨幅，商业模式制胜　　　　　　　　　115

　　　　台积电：技术创新固然重要，但商业模式创新

　　　　　往往是最值钱的　　　　　　　　　　　　　　　　　129

|第9章| **周期股：永远的周期**　　　　　　　　　　　　　　　　138

　　　　周期类公司，强者恒强　　　　　　　　　　　　　　　138

　　　　马士基：航运霸主在波动中发展　　　　　　　　　　　140

　　　　壳牌：把握石油周期的逆袭者　　　　　　　　　　　　143

|第三部分|

捕捉十年十倍股的渔网和鱼竿

|第10章| **宏观情景分析：抓住"下网"高周期性行业的时机** 153

情景分析法的由来 153

凯利公式与宏观情景判断：胜率与赔率 159

凯利公式在投资中应用的例子 163

高周期性投资：胜率是多次反复磨炼出的能力 164

|第11章| **掘金泥石流：建立在商业模式优势之上的渔网** 167

好的商业模式是企业背后的动力 167

商业模式识别：有比没有好 170

"轻资产"商业模式：经营模式推动"飞轮"转动 172

高维打击低维：商业模式代际差 174

同一维度的商业模式：不同生态的对决 177

长期价值：大象也可以跳舞 180

|第12章| **滚雪球的钓竿：消费趋势与品牌消费时代** 183

把握人口结构变迁、收入增长和城市化进程 183

品牌的集中度提升是消费品投资的趋势 184

全球化和代际消费习惯是中国消费品价值提升的核心 185

人和团队是消费类公司的核心驱动力 186

财务指标要结合公司基本面因素综合使用 189

认知的认知：突破第一层认知的围栏 193

跨区域和差异化能力：经常被低估的认知盲区	196
好公司摔跤的时候往往是最好的时机	198

|第13章| 硬科技：高风险下的精准撒网　　202

馅饼和陷阱	202
投资未来大趋势	204
"硬科技"需求是冰山可见的部分，不可见的部分才是关键	210
量化思维：发现种子选手的筛子	215
硬科技：相同背景专业团队比较容易成功	218
总结：技术就是王道	219

第一部分

投资的逻辑

第 1 章

投资的原点

原力是思维原点

原力是《星球大战》系列作品中的核心概念。原力是一种超自然的而又无处不在的神秘力量,是所有生物创造的一个能量场,同时也是绝地武士和西斯尊主两方追求和依靠的关键所在。

我们提出的一个理念是,投资原力指的是投资的思维逻辑原点,也就是投资人做出某一投资决策的根本思维原点。投资原力跟投资标的的关系类似枪跟靶之间的关系。在现实中我们都知道,当我们瞄准靶心,扣动扳机,如果子弹的落点偏左或者偏上,我们理性的行为是调整手中枪的准星位置和枪口方向,如果偏左,我们的枪口方向要略微向右,然后通过不断的试射来积累经验,最后做到一击中的。

在投资中,大多数人的做法往往相反,投资人经常轻易地开枪,如果没有击中，他们不调整人和枪，而是调整靶子，不断用市场上流行的逻辑来为投资行为找到合理的原因，然后迅速地射击，直到把手里的子弹全部打完。

这样一来，如果投资的结果不好，投资人也无法矫正，更不能形成积累，浪费了大量的资金和时间，在诸多"解释市场"的投资逻辑中打转。

用于解释市场现象的投资方法或者说策略的问题在于，其逻辑往往具有很强的时效性，在某一段时间内跟短期的市场变动是非常切合的，比如高送转、次新股等，但频繁使用大家就会发现，这种方法经常失灵，或者时灵时不灵。在这种情况下，统一的投资方法论就很难被建立起来。投资的结果，或者说一段时间的市场表现只是投资的"靶"，方法论应该从源头入手，在投资逻辑上溯源，从根本上累积经验，在市场的变动中不断优化投资能力。

投资能力是控制风险最好的工具

从投资本身来看，投资人是脆弱的，而且由于自身认知的局限性，投资人的脆弱性是不可避免的。基金行业喜欢使用"风险控制"这个名词，但正是"风险控制"这个词让我们忽视了投资本身所面临的险恶环境。

"风险控制"这个词背后的逻辑是：我们只要足够谨慎、足够勤勉就可以避免出现令人痛苦的大幅亏损的结果。我们甚至一厢情愿地认为，只要采取了防范措施，结果就会向好的方向发展，即控制住了

"不好的"就是"好"。

但在实践中，风险防控手段的多样化并没有改变投资本身脆弱的现实，投资人还是要时刻面临损失风险，被动的防御往往令投资过程中的风险防不胜防。各种心理明示或暗示，或者因简单地设定没有统一逻辑的指标而破坏了投资过程的一致性，反而使得投资受到掣肘，投资的能力受到了限制。投资初始的原力、思维的原点也在修修补补中几经改变而面目全非，虽然控制了大幅度亏损的可能，但盈利的驱动能力也被极大地削弱了。

因此，只有将被动的止损防御转化为积极的投资能力建设，才能在波诡云谲的资本市场生存下来。投资最大的风险是缺乏投资能力，也就是说，问题核心在射手，而不在靶。提升射手的能力，就是从源头上提高精度，也就控制了最大的风险。总的来说，投资能力的建设是第一生产力，是投资结果最大的保证。

扩大能力的舒适区

耸立于美国约塞米蒂国家公园内的酋长岩（El Capitan）是攀爬爱好者心目中的圣地和"宇宙中心"。这块完整的花岗岩以陡峭和凶险著称，几近90°的立面光滑无比，高达916米，徒手攀登酋长岩几乎是不可能完成的任务，攀爬者一旦掉下去，必死无疑。过去40年，有十几个人徒手攀爬过酋长岩，其中一半的人都失败了。

2017年6月3日，美国人亚历克斯·霍诺德（Alex Honnold）在没有任何保护、没有攀爬伴侣的情况下徒手攀岩（free solo）约4小时，成为全世界首个成功徒手攀登酋长岩的人。

每一次徒手攀岩前，他只有花上数周甚至数个月来设计线路、手脚顺序和动作，才敢尝试徒手攀岩。他从2009年开始，每年都会考虑徒手挑战酋长岩，一直到8年以后的2017年才觉得准备好了。为了准备这一天，霍诺德攀爬了酋长岩40多次。

他把徒手攀岩可能的后果和风险本身进行了明确区分。他说，虽然徒手攀岩摔下去的后果很严重，但这不等于摔下去的概率很高。

霍诺德说："你不是在控制你的恐惧，你只是在努力摆脱恐惧。人们都在说要努力克服自身的恐惧，而我从其他角度看待这个问题。我通过不断地反复练习动作，来拓展我的舒适区。我会尽力消除恐惧，直到压根感觉不到恐惧。"

从霍诺德对待风险的态度中我们可以看到，风险跟后果完全是两回事，基于后果的防守（比如止损）会使人丧失对风险来源的关注，从而弱化对风险的控制能力。风险的源头在于能力的建设，举例来说，一般的攀爬者在没有绝对能力时，即使装备再精良，为各种可能的情况做再多准备，都可能会出现意外的情形。

就像投资人在资本市场中的脆弱一样，面对每一步都可能使人丧命的酋长岩，攀岩的人本能地会做好全面的防御措施，"如果……那么……"的思维逻辑对于人的思维是一种极大的钳制。事前基于恐怖结果的心理和装备等防御措施往往反而会使得攀爬者丧失对于攀岩的全力关注，甚至会低估危险或者误判自身能力。

当投资失败的后果是致命的、不可承受的，投资人的心态和行为就会发生变化，以致基于后果的理念和风控手段大多失效，往往反而会出现最坏的结果。

当投资人直面资本市场的复杂性并对它充满敬畏之心，反而会加强投资人对自身能力的关注以提高在市场中生存的概率。能力是防控风险最好的手段，也是控制风险发生概率的根本力量。霍诺德徒手攀岩，不借助任何的外部设备，在经过8年40多次的尝试后，他的恐惧感渐渐地被能力提升所覆盖，能力会带来舒适区，从而使其完成不可完成的任务。在面对同样不可控、后果严重的风险时，根本理念的区别会导致完全不同的结果。充满敬畏，直面内心，提升能力，扩展舒适区，方得始终。

不赚能力圈以外的钱

撒哈拉沙漠地表温度可达70℃，很少有已知的陆生动物可以在这样的环境中长期生存，但有一种生物——银蚁，可以挑战生存极限，它专门以被晒死的昆虫为食。

正午时分，银蚁出洞，要在五分钟内完成分散觅食、发现食物、拖回洞穴的全过程。因为在正午的阳光下暴晒超过五分钟，它们也一样会死。那些死掉的银蚁，大多死在将食物拖回去的路上。食物在手，家园在望，然而时间无情，那些舍不得放手的蚂蚁，最终倒在了家门口。

投资能力跟银蚁的五分钟一样，有一个挑战生存极限的能力圈。超过这个圈的范围，投资能力就呈现指数级下降。投资中我们往往混淆了投资结果跟能力之间的关系，也就是弄混了射手跟靶之间的关系。这在心理学上被称为归因偏差。个体和环境这两个因素是心理发展的一对基本因素，而人类的认知过程本身就存在一定的局限，很容易在两者间产生偏差。

当投资出现好的结果，不管它是偶然的随机事件，还是投资能力的结果，投资人一般都会归因于自身的正确判断，而忽视了客观资本市场的随机性，往往会陷入过度的自信。

赚不该赚的钱有时候比亏损更可怕，因为它会让我们误认为我们的能力可以随时"出圈"，或者我们的能力无远弗届，不受资本市场大市状况等因素的影响。

银蚁在没有拿到食物的时候，是会严格遵守五分钟法则的，因为它们很清楚，五分钟就是极限，超过这一极限生命就会受到威胁，但是一旦拿到食物以后，由于认知偏差，五分钟就变成了可以随时突破的五分钟，可以拼一把的五分钟。超过能力圈的收益实际上是负收益，更应该令人警觉。

在投资中由于资本市场的复杂性，分清楚射手、枪和靶的概念非常重要，收益来自射手和枪而不是靶；另外，理解打中靶心跟射手射击之间的关系更加重要。如果一个射手每每脱靶，即使一次命中十环，他自己也自然清楚，这次命中可能运气的成分更大一些，而无须过度解读。但在资本市场的实战之中，想把运气跟能力分清楚还是非常困难的。新手一开始就遭遇亏损是幸运的，因为亏钱是资本市场最真实的一面，是投资者正视自己最好的镜子。

第1章 投资的原点

原力是思维的原点
- 1. 原力即投资方法论
- 2. 投资方法论与资本市场 —— 枪与靶
- 3. 正确处理方法论与标的 —— 调整枪,而非移动靶

投资能力是控制风险最好的工具
- 1. 树立正确的风控观
- 2. 主动风控胜于被动防御
- 3. 主动风控的核心 —— 提升投资能力

扩大能力的舒适区
- 1. 扩大能力的舒适区 —— 认清风险,而非焦虑于失败
- 2. 从容应对风险 —— 提升投资能力

不赚能力圈以外的钱
- 1. 正确认识自己的能力圈 —— 不做晒死的蚂蚁
- 2. 避免归因偏差 —— 分清能力与运气

第 2 章

认识市场波动

风险并非源于波动，它只是策略与现实的背离

投资市场中的波动在所难免，就像海浪是大海自身的一部分，跟大海是无法分离的，没有海浪的大海就不再是大海了。虽然几乎所有的投资人都不喜欢波动，但是，正是资本市场的波动，才让投资有了盈利的机会。进入资本市场的大海，投资人就是要习惯或者说忍受资本市场的波动，学会跟波动和谐共处。

一般认为，波动就是风险，即由于巨大的波动，投资人被迫清仓，机构投资人突破了设定的风险限额，最终没有实现预定的投资目标。但是，我们认为，波动这一特征在投资中更应该被视为成本，它跟真实的损失之间还是有本质上的区别的。也许波动是风险的表现，是风险的度量，二者像是双胞胎，但是，波动跟风险无论多么像，终究不是风险本身。

我们认为真实的风险是跟投资原力和投资困境的概念紧密联系在一起的。给定一个投资的全过程，即我们的投资目标是抓住高周期股票的周期性机会，那么，我们从宏观经济出发，通过情景分析穷尽各种宏观情景，给定各种情景的概率权重，然后再根据凯利公式决定仓位和资产配置方案，最后，在市场中开始交易，持有高周期性公司的仓位。

在实际的投资过程中，如果宏观产业变化朝着与我们的预期背道而驰的方向发展，或者我们根本没有预测到可能发生的重大变动，那么投资的结果就会背离原来预设的目标，甚至会大幅度亏损，这就是从投资原力到投资结果的全过程。

投资人可以回溯到初始的状态，去复盘整个投资的过程，看看哪些环节出了纰漏，有什么样的教训，未来如何改善。因此，从投资原力出发，检视投资全过程，才能建立起一个投资研究的闭环框架，从而在投资过程中不断地优化和进步。

波动是成本：投资即使做对方向，波动也让目标难以实现

从投资的全过程来看，投资人即使对于高周期性股票的判断是准确的，仍然面临中间被"三振出局"的局面，这也充分说明了波动是投资过程的损耗，也许突破了投资人忍受亏损的心理底线，也许击穿了机构投资设定的止损线、风险控制阈值，但无论是哪种情形，波动都是一种成本，在投资人无力支付而放弃前，它还不是真实的损失。一旦投资人付不起这么高的成本，即使胜利在望，也会无奈出局。

高周期性股票具有高波动性，这是这类公司股票的普遍特征。其股价频繁大幅度波动的根源在于投资人对于周期理解的分歧，并且由于高周期性行业跟宏观经济、产业政策、产业供需息息相关，这些因素的变动都是中长周期的。如果大宗商品周期来临，经济也处于上行阶段，而大宗商品价格大幅下跌，往往意味着宏观经济处于下行周期，投资人甚至非投资人都能同步感受这类投资波动带来的心理冲击，投资人也容易受到周围环境的影响，产生从众的心理而轻易放弃。因此，逆周期投资的核心在于对于波动这种成本的认知。

下行的股票就像是空中掉落的刀，逆周期投资相当于要徒手抓住下落的刀柄，一旦出现失误抓到刀刃，难免鲜血淋漓。逆周期投资也是逆人性的一种投资方式，人性趋利避害的特征在剧烈波动的市场中往往使人随波逐流，在低谷中大部分人都会选择放手。投资人要在波动低谷中投资，不但要克服客观上被"下落的刀"割伤的危险，还要忍受与"绝大多数"不一样的孤独和质疑，承受来自周边大众的心理压力，这就是波动带来的巨大成本。

回看上一轮高周期性大宗商品的高景气周期阶段，就要回溯到2006～2008年，彼时大宗商品展开了十年以来最大的牛市，从而带动全球股市，包括A股大幅上行，A股从最低点的998点一路上行至6124点，以大宗商品为核心的周期性股票涨幅巨大，远超过股市的平均涨幅。但好景不长，接下来大宗商品价格和股市就都进入了漫漫熊途，十年过程中大宗商品的股价平均降幅也远高于股市的平均跌幅，龙头公司的股价甚至跌去了95%以上，这就是以大宗商品为代表的周期性公司股价的波动。

科技股跟大宗商品的波动的来源和特征有所不同，由于科技研发的高度不确定性，公司对于科技走势的判断错误也有很大可能产生投资困境。投资人之间的分歧以及此类资产未来的不确定性导致表现在股价上的波动也更大，投资心理成本也更高。

但从纳斯达克的历史来看，这两类公司在过去创造了真实的价值，改变了世界，投资人也取得了高回报。能够真正取得高回报的投资人并不多，因为其短期波动非常大，短期价格往往可以从上涨几千倍到亏损98%甚至完全清零。在2000年的所谓纳斯达克大幅下跌中，大部分公司的跌幅都在90%以上，但经过20年，很多公司又上涨了几十倍，有的甚至上千倍。在这个过程中，真正能够完整取得高收益的投资人凤毛麟角。

投资时间过短，只能赚了个寂寞

波动对于投资人的心理和资产的冲击是巨大的，个人投资人往往由于巨幅波动而中途退出。从我国投资人的持股实践来看，大部分投资人持股的时间都不会超过一年，有"七亏、两平、一赚"的说法。究其原因，除了巨幅波动带来的成本以外，投资人投资时间短也是一个重要的因素。

波动在短期体现的是投资人之间的巨大的分歧，而逆周期投资的核心理念是证明大多数人在这个时间点的判断是错误的，所以逆周期投资人才敢于伸手去抓"下落的刀"。

在短期，所有人得到的信息是一样的，只是对未来的判断不一样，而这些判断需要时间的沉淀才能证明真伪。资本市场短期是投票机，长期是称重器。这个西方说法的意思是把投资比作一场称重比赛，一亿多投资人分成多、空两个阵营参与比赛，在上称前大家各自选择阵营并为自己的阵营拉票，觉得自己阵营的胖子多，体重大，也就是资产多，所以嗓门就大一些，但嗓门大的体重不一定大，这类似于短期投资。真正的比拼是在体重秤上的较量，我们可以认为一亿多人称体重需要一两年乃至更长时间，在没有出最终结果之前，中间的过程还是比谁的嗓门大，市场仍然更多地受到嗓门大、资产多的人的影响。但随着称重进入后程，结果慢慢浮现，嗓门大的作用越来越微弱，结果还是以哪个阵营胖子多来决定，大家都不再听嗓门大的人聒噪了，体重的硬实力成为大家判断的主要依据，而一直不参与拉票，默默数体重大的人数的你才可能胜出，这类似于长期投资。

数体重大的人数显然是逆向思维的核心。问题在于，即使你数得很准，对自己的判断很有信心，你非常清楚，目前嗓门最大的、资产最多的、拉票能力最强的人在误导他人，也没有人会相信你的看法，毕竟称重的进程刚开始，结果还不明朗，况且你的嗓门不够大，你的声音很快会被淹没在人海里。

如果这时你因为没有人理会你的判断就轻易放弃，那么你在此之前数胖子过程中付出的辛苦和努力也将毫无价值。

无论是高周期性股票还是科技股，由于大家短期信息的拥有量都是一样的，每个人都有自己的看法，资金量大或者人数更多的阵营发表的意见很可能是错误的，相当于称重早期的拉票过程。但是即使你非常聪明，能洞察秋毫，也要忍受相当长一段时间的寂寞，让称重的过程持续进行。随着周期改变的信号慢慢出现，科技公司研发标志性成功的事件公布，这个痛苦的煎熬时期才会慢慢过去，你才能骄傲地收获资产的增长。

从目前投资人不到一年甚至少于半年的持股或者持有基金的时间来看，显然投资人是无法等到称重数字逐渐明朗的那个时刻的。投资人在一年不到的时间内很难应对长周期波动的考验，即使投资人在低点、底部建仓，但由于持股时间偏短，也很难实现理想的投资收益。波动对个人资产损失的心理冲击是巨大的，这也是很多人做对了方向而没有实现良好收益的主要原因。

机构投资人并没有机制上的优势，反而有一定的劣势。因为机构资产受到一年一度的考核的限制，保险公司受到偿付能力等指标的限制，证券公司受到净资本管理分类评级等考核的限制……其风控是由波动来定义的，忍受波动的能力很低，因此很难在经历巨幅波动后还坚定持股。也有可能坐对了轿子，看对了方向，却没有等到获得满意的回报的那一天。投资存在脆弱性的特征。

从最近一年多的特斯拉股价表现来看，从2020年2月的近1000美元下跌到300美元左右，又从300美元上涨几倍到现在1∶5拆股后的670美元（相当于拆股前的3350美元），相当于从2020年2月先下跌了70%，然后又上涨了10倍，很少有投资人能够承受下跌70%这种痛苦，往往因为突破心理承受能力极限和风控指标报警而忍痛放弃，最终与10倍收益擦肩而过，承受二次暴击的伤害。

与波动共舞：以消费类公司投资为例

消费类公司透明度高，短期业绩清晰可见，长期才能决定成败。因此，其波动普遍比较小，投资体验较好，即使长期趋势判断错误，损失往往也有限，相对来说，其波动带来的心理冲击有限，成本小。只不过将心理成本变现需要忍受一段时间的寂寞，在这个阶段里，这类公司往往股价表现平平，想要取得超额收益，需要对公司产业有长期持股的信心。

这并不是说消费类公司由于波动成本小、投资体验好就更容易在投资回报上获得成功。消费类公司主要的成本体现在时间上，时间是投资人付出的主要成本。

可以这样理解：消费类公司在称重的过程中很难发生误判，嗓门大的人也经常会对体重做出准确的判断，从而建立威信。因此，市场的一致看法可能跟你的看法高度一致，甚至往往因为正确的人过多，已经没有人拉票了，使得整体的投资过程显得非常平淡。

投资这类公司想要取得成功，往往是以十年作为评判的标准。还是称重那个游戏，其他高波动的公司每年或者每三年称重一次，大奖就可以落地，可以重新开奖。但是在消费类公司，不再是比一年的体重，而是每年称一次，连称十年，数额累积最高的组获胜。短期虽然确定性强，但是长期判断难度是非常高的，要在一开始就能够判断十年的结果，显然是非常困难的。

谋求短期投资成功非常困难，因为你跟大家的判断一致，很难买到便宜货。坚持十年，复利的神奇作用就会在消费类公司身上体现出来，大奖被一年一年推后开出，等到第十年，其累积的数额就已经很高了。如果你一开始就判断正确，当然收获不菲，但是如果判断错误，也会陷入投资困境，当年的"小甜甜"十年后变成了"牛夫人"，十年的时间也就随风逝去了。

投资这类公司的好处还是比较明显的，因为过程中波动带来的心理成本并不算大，所以无论机构还是个人都容易脱困，不太会被"套牢"。

第 2 章　认识市场波动

风险并非源于波动

- 1. 资本市场的波动不可避免
- 2. 波动提供了投资盈利的机会
- 3. 应将波动视为成本，而非风险
- 4. 风险源于"原力"失效
  - 投资策略与宏观走势的背离

波动是成本

- 1. 当投资人无力承担波动成本后，波动才会转为损失
- 2. 波动作为成本在周期股中的逻辑
- 3. 波动作为成本在科技股中的逻辑

投资时间过短，只能赚了个寂寞

- "七亏、两平、一赚"的底层逻辑
  - 市场的巨大波动
    - 投资时间短

与波动共舞：以消费类公司投资为例

- 1. 消费类公司的优势
  - 波动小
  - 损失可控
- 2. 消费类公司的投资逻辑
  - 高胜算，积小胜，形成复利优势
- 3. 消费类公司的投资大忌 —— 低胜算，白白浪费时光

第 3 章

投资组合与投资风险

投资缺乏足够的驱动能力会导致投资困境,波动会带来投资成本,波动成本透支也会陷入投资困境。这都揭示了投资作为一项风险极高的活动,要取得好的成绩是异常艰难的。因此,要越过投资的浪高险滩,就要从提升投资能力和降低投资成本入手。

投资能力有风格固化的特征,江湖之大,各大门派各领风骚。无论是指数、量化对冲、周期股投资,还是消费股、科技股投资,我们会发现,不同机构投资人形成了投资风格迥异的阵营,虽然分类标准尚有模糊的地带,但是从他们的投资理念到投资过程结果,都已经形成了各自独有的特征,不同门派的投资人风格特征明显,不会轻易跨越各自门派的范围。

投研团队是分散风险的双刃剑

投资人能力圈的形成是一个循序渐进的过程,它依赖于投资人的经验，就像内功修为一样，需要长年累月的积累。

机构虽然可以构建投研团队，就像《射雕英雄传》中"全真教"的第一任教主王重阳所创的天罡北斗七星剑阵一样，七人可联手往复，随着阵势变化，流转不息，多人合作操练敌人，但要求每一个人有一定内功修为且配合默契，否则多人的优势就发挥不出来，反而互相牵绊，能力内卷。在面对真正的顶级高手时，多人跟一人的区别并不明显，全真七子的天罡北斗七星阵就差点被欧阳锋蛤蟆功攻破，多亏老顽童及时出现，才挽救全真七子于危难。

在投资中，投资团队发挥合力的机制其实更为复杂，背景各异、门派杂糅、经验修为各异的投资人才在一起，专业语言如不能互通，内功练的都不是一个门派，则很难发挥合力。那种人多势众、大力出奇迹的判断是失之偏颇的。

即使大家都是"全真派"，练的都是"全真剑法"，都是出身名门，经验丰富的豪华团队，但是也要合练天罡北斗七星阵法，多年分工磨合才能发挥作用。在《射雕英雄传》里，天罡北斗七星阵法的排列次序是：马钰位当天枢，谭处端位当天璇，刘处玄位当天玑，丘处机位当天权，四人组成斗魁；王处一位当玉衡，郝大通位当开阳，孙不二位当摇光，三人组成斗柄。多年的合作使他们形如一人，被称为武林第一阵法，这一阵法两次战败都是由于人员不齐整，缺了一人，威力大大下降。

因此，合理的现代投研组织要更具效率，同样需要一起磨合多年，理念和逻辑一致才能发挥最大的作用。即使背景经验能力类似，也需要多年合作积累的默契，才能多人如一人，发挥团队的合力。

一招鲜，吃遍天，投资原力贵在精深而不在庞杂。具体来看，对宏观经济经验和产业供需关系的把握对于理解周期股至关重要，把握消费者心理和长期趋势及商业模式的变迁是理解消费股的核心，对科技技术路径的深刻理解是成长股投资的必杀技。无论哪一项核心能力，都是在投资中安身立命的看家本领。

巴菲特仅凭一个"滚雪球"的能力就可以独步"武林"，索罗斯的全球宏观能力使其在硬怼英格兰银行和东南亚经济危机中一战成名，罗杰斯因对大宗商品的周期把握精准而成名，方舟投资⊖和软银在技术革命创新投资领域独占鳌头。因此，无须全知全能，贵在技艺娴熟。不论是哪门哪派，哪一种方法，都是入门容易升级难，挂机容易打怪难，需要投资人在资本市场中长期的、真金白银的训练。

分清鸡蛋、鸭蛋、鹅蛋：标准正确才能真的分散风险

波动作为投资中无法避免的成本，需要格外加以关注，跟它的孪生兄弟风险一样具有破坏性。一时的波动并不会造成永久性的伤害，在大海平静的时候就要构建诺亚方舟，积极应对永远好过被动防御。

不把鸡蛋放在一个篮子里，源于大名鼎鼎的现代资产组合理论（modern portfolio theory，MPT），由诺贝尔奖得主马科维茨提出。他认为通过构建相关性较低的不同资产类别的组合来达到平抑风险的目的，几乎是唯一免费的风控工具。

这里说的"免费"的含义在于，如果你不想承受投资过程中的不

⊖ ARK Invest，是一家主要投资破坏性创新领域的基金公司。

确定性（波动）和结果不确定（投资困境）的成本，是可以通过让渡收益来实现的。

比如你朋友向你借钱做生意，赚了就翻倍，赔了就亏20%，理论上你的预期收益是40%，实际生活中一般我们会不愿承受过程中提心吊胆的压力，以及最终结果的可能带来的损失，可能只要求对方给10%的固定回报，剩余的30%就是对于波动和不确定性的让渡。

在资本市场上，可转换债券也是一类容易理解的、对波动和结果不确定性付出成本的投资品种，可转债条款上是有保本承诺的，因此该投资过程中波动小，结果的不确定性也小，但是转股价要高于现时的股价，相当于把这部分股票收益让渡给了发行方。

然而，简单的分散是无效的，资产的不相关性才是关键。不把鸡蛋放在一个篮子里，我们把它改换成鸡蛋、鸭蛋、鹅蛋不要放在一个篮子里可能更易于理解，这里的关键是对各种蛋的分辨。如果用同一投资原力建立起来的投资体系，即使都进行了有效的分散，其防范波动和风险的效果也不会很好。

举例来说，投资人基于对宏观的判断，产业景气周期的分析和行业的供给需求分析判断高周期的一类公司具有投资价值，也在大宗商品石油、铜、铝、铅、锌、镍等品种的上市公司进行了布局，但是投资人会发现，由于它们都受到宏观因素的影响，这些因素甚至是最重要的，反而产业和公司的影响是次要的因素，那么虽然进行了分散，但是由于宏观因素的变动，比如量化宽松、四万亿财政政策等宏观政策会导致投资的一揽子股票具有同涨同跌的特点，平抑波动、提升投资体验的预期就无法有效实现，心跳加速的感觉还是如影随形，甚至可能还不如分散前的状态。

因此，分清楚投资的一篮子里面是什么蛋很重要，关键的区分方法是你这些蛋是从什么地方捡拾来的。如果是从鹅场来的一定是鹅蛋，鸡场来的就是鸡蛋。投资原力是我们投资想法的源头，如果是从宏观经济和周期出发，以捕捉指数大的周期和高周期性股票的周期底部来构建的组合，那么可以认定为高周期类型的投资，姑且定义为鸡蛋。如果是基于科技的演化路径，基于对于医药、5G等高科技公司研发进展的了解以及未来需求爆发来构建的组合，那么应该归结为科技成长股的投资逻辑，我们这里定义为鸭蛋。如果基于对白酒等消费品长期看好的逻辑，那么应该归结为大消费投资，我们这里定义为鹅蛋。

鸡蛋、鸭蛋、鹅蛋原始的投资逻辑不同，也就说明它们不受到同一因素的影响，例如：5G的应用跟酱油没有关系，中美贸易摩擦、再激烈，人们对酱油的消费不会受到影响。酱油的消费跟铜的消费关系不大，大宗商品再紧俏，价格哪怕上涨十倍，人们也不会把菜里的酱油多放一倍，这就是我们所说的不相关。

不相关就会使篮子里股票的波动不同步，尤其对于高周期和科技等"个性生猛"的股票，鸡蛋、鸭蛋、鹅蛋的配置会让整体的波动减少。鸡蛋（高周期）在低谷的时候，鸭蛋（科技股）可能在高峰，正负抵消的效应会让波动变得柔和，投资组合的回撤得以控制。如果运气实在很差，鸡蛋、鸭蛋（高周期、科技股）都大幅度下跌，鹅蛋（消费）就起到了压舱石的作用，因为消费股本身的特征就是波动小。当然，如果赶上时运不济，鸡蛋、鸭蛋、鹅蛋也可能同时下跌，但我们要想到，这种概率要比只有鸡蛋或者鸭蛋下跌的概率要小得多。

投资原力的理念在这里再一次发挥作用，源头上的投资想法决定控制波动的效果。有效地控制波动对我们度过波动的"大风暴"来说，是非常重要的防御手段。

细心的读者会发现，这与能力圈的理念有一定的冲突，因为练成一派武功尚且难成，要求门门都精，跨越能力圈去减少波动，要求又提升了一个层级，如果能力不达，很可能适得其反。

投资人可能会陷入这样的两难境地，本来坚守鸡蛋（高周期）还能有信心在波动中生存，因为投资人已经为可能的波动做好了准备，但是如果为了减少波动而建立的鸭蛋、鹅蛋的仓位，由于不熟悉、能力缺失，反而直接导致投资困境，减少波动的意图没有实现，反而造成损失。

我个人认为能力圈的理念仍然是最重要的核心理念，不能因为怕风险的孪生兄弟，而直接去招惹风险本身，这就本末倒置了，不能为了投资体验好而甘愿冒投资失败的风险。

基金专家系统为什么能战胜风险

基金作为专家理财的方式，能够在提升投资驱动能力跟降低波动成本这两个维度上强化投资人的能力，也可以一定程度上解决"投资能力限制"跟"分散化投资降低波动成本"之间的矛盾。

基金作为专家理财的一种方式，专业人士的参与肯定会增加投资人在资本市场获胜的概率，就像有了自动驾驶辅助系统，开车变得更加轻松愉快。但是，明确目标以及读懂基金这种系统的说明书至关重要，使用不当，效果自然大打折扣。

我们可以把基金参与的投资看作一次风险很高的从美国出海到北太平洋的捕鲸活动。19世纪中叶，捕鲸活动是高风险、高收益的商业活动，运回的珍贵的鲸油在当时是稀缺物资，但是出海捕鲸风险巨大，差不多有1/3的船永远都回不来，所以被誉为"把头颅挂在标枪杆上的产业"。

也许你恰巧是经验丰富的船长，可以独自出海捕鲸，的确，当时很多家族式的捕鲸团队，后来都成了美国富甲一方的大亨，天生的冒险精神成就了这些冒险家，捕鲸是这些家族发家的第一桶金。他们后来转战石油、金融等行业。面对风暴和巨鲸袭击的风险，你需要有多年出海的经验，经历过大海的洗礼，才能在这项风险巨大的活动中幸存下来。

捕鲸行业的发展更多采取的是合伙和专业化分工的方式，也是美国目前公认的风险投资（VC）的发源，其以固定加浮动的后端分成为核心的激励方式，一直延续到当代硅谷和私募基金发展的全过程中。基金参与的投资类似于一次远洋捕鲸活动，基金管理人相当于船长，即在捕鲸活动中最重要的专业角色，在配置了大副、水手以后捕鲸船就可以出海了。

跟捕鲸活动不同的是，投资人是在船上，而不是在岸上跟渔船挥手告别，这就决定了在面对资本市场凶险浩瀚的大海时，投资人在船上的角色对于捕鲸活动的成败至关重要，投资人可以在捕鲸的过程中随时叫停，也可以要求返航，所以在船上的投资人跟船长和船员相互了解和配合，共同协作才能成功捕到鲸鱼。

历史上主要的捕鲸地点有四个，大西洋、太平洋、印度洋和北太平洋，每一个地点都需要非常专业的船长和团队，而每一个船长的经验都是不同的，所以了解船长的技能非常重要。

无论是公募基金还是私募基金，其核心能力都来自专业的投资团队和投资能力，而我们根据投资原力的不同，又可以认为核心能力来自船长所掌握的某个地区的专属技能，像消费类、科技成长类以及大周期等方面的技能。理解不同船长的专属技能非常重要，一个重要的原因是在投资过程中面对波动成本和投资结果高度不确定时，投资人和基金管理人凭着对"这片海域"的理解和团队的信任，更容易配合默契，共同渡过难关。

在捕鲸过程中，海上可能出现各种突发的状况，只有了解了船长驾驭渔船的能力和专业船员团队的能力，才能在惊涛骇浪中处变不惊，并对过程中发生的损失有应对的能力。如果投资人在开始选择船长船员时就能够深刻理解，北太平洋之旅虽然更有可能捕获鲸鱼，但也会面临更加险恶的海况，那么他们就愿意去选择多次去往北太平洋、有多年经验的团队，这些团队的协作会更高效。在真正面对巨大的海浪波动时，基于北太平洋航程的认识和对船长和船员的信心，在船上的投资人受到短期海上大风暴的影响有限，能够理性面对凶险的海浪。

这一点就像我们在波动成本章前面提到的，即使投资人做对了方向，也很可能承受不了过程中的波动，从而无法实现投资的目标。如果投资人对于投资的投资原力和投资目标有清晰的认识，对于基金管理人在这方面的经验有深刻理解，在真正面临市场的波动和基金净值的短期大幅度回撤时，就会对波动成本和船长与团队的能力有理性的信心，从而会大大减少因波动成本透支而选择轻易放弃的双输结果。

更为重要的是，投资人在船上的重要性还在于，在到达捕鲸地点以及这个捕鲸周期结束后，投资人对于投资结果有客观的认识和评估，为下一次合作奠定基础，因此，同舟共济、共享风险收益的所谓专家理财才会发挥最大的作用。

专家理财的作用还体现在突破"捕鲸海域"（即不同投资方向）能力限制的矛盾。投资人如果是一个对北太平洋海域更在行的捕鲸专家，聘请在北太平洋海域捕鲸能力更强的团队将有助于加强自己在该海域捕鲸获胜的概率，取得更大的渔获。

还有一种选择是聘请长于大西洋海域的团队来执行大西洋方面的捕鲸活动，而自己仍然专注在北太平洋海域。这样既可以保证在这两个海域上能力圈的覆盖，又可以实现有效的分散，从而降低波动的成本，改善投资过程的体验。

这里我们需要提到捕鲸周期的概念，跟捕鲸一样，投资原力跟投资结果之间有一个时间周期，不同的投资原力决定了投资周期是不同的。比如，高周期性股票，自从2008年到现在，差不多有十多年才有一个完整的周期；消费类公司在短期内其业绩透明度高，长期的变动需要至少两三年的时间，才能看到端倪；科技公司的周期相对复杂，规律性不明显，但一年以内公司突然发生变化的可能性不大。

等宏观周期或者公司的业绩体现在股价上，每一种投资逻辑都需要相对长的时间。如果投资人中途要求返航，船尚未到达指定海域或者鱼群还没有来，则白白浪费了一次出海的机会。因此，投资的周期过短，基金的能力还没有充分体现，其效果也会大打折扣。

想象一种情况，经验丰富的船长带水手配置齐全的渔船出海捕鱼，但投资人可以跟遇到的别的渔船上的投资人玩猜拳，谁输了就把渔获给对方。在这种情况下，不论船长经验多么丰富，水手多么勤勉尽责，最后的结果显然更多取决于猜拳的结果，短期的申购赎回，频繁操作类似在市场中猜拳，最后的业绩跟专业团队的作用关联度并不大。

第3章　投资组合与投资风险

投研团队是分散风险的双刃剑

1. 武林第一阵法：天罡北斗七星阵

   - 系出名门，多年分工与磨合 —— 但两次败北，只因人不齐

2. 欧阳锋一人便可破全真七子阵法

   - 巴菲特 → 滚雪球独步"武林"
   - 罗杰斯 → 以对大宗商品周期的精准把握著称
   - 索罗斯 → 全球宏观能力见长

3. 无须全知全能，贵在技艺娴熟

   - 把握原力
     - 周期类行业：宏观经济和供需关系
     - 消费类行业：消费心理、长期趋势和商业模式的变迁
     - 科技类成长股：对技术路线的深刻理解是核心

分清鸡蛋、鸭蛋、鹅蛋：标准正确才能真的分散风险

1. 原力是驱动资产价值变化的力量

   - 盈亏同源：原力亦如此 —— 以原力为维度定义风险

2. 风险和波动是两兄弟

   - 风险是损失
   - 波动是成本

3. 面对风险，积极应对好于被动防御

   - 免费的工具：构建投资组合
     - 组合的作用
       - 通过让渡资产间的收益规避投资过程中的和结果的不确定性
     - 具体的操作
       - 基于原力划分标的资产
       - 基于原力的相互关系构建资产组合

基金专家系统为什么能战胜风险

1. 专家理财工具

   - 强化投资人能力
     - 提升投资驱动力
     - 解决投资能力限制
     - 降低波动

2. 读懂产品说明，使用不当效果会大打折扣

第 4 章

正确认识估值

曾经有投资人问芒格，买股票，股价应该多少合适？芒格回答道，是否有能力回答这个问题就解释了为什么有些人投资成功了，而有些人没有。不过话说回来，要不是这个问题有一点难度的话，每个人都会变得有钱。

格雷厄姆式投资："便宜就是硬道理"的时代过去了

早在巴菲特的老师格雷厄姆时期，估值就成为价值投资的一个代名词和最重要的投资标准。

价值投资作为一种投资理念，成为个人及机构投资普遍接受并广泛运用的主流投资理念，始于本杰明·格雷厄姆。巴菲特的老师本杰明·格雷厄姆1934年年底出版的《有价证券分析》开创了以价值投资作为投资理论的全新的时代，该书和其后出版的《上市公司财务报表解读》以及1942年出版的《聪明的投资者》，奠定了格雷厄姆作为证券投资业一代宗师的地位。

巴菲特作为格雷厄姆的弟子，取得了比老师更为辉煌的成就，也让价值投资的理念发扬光大。现代投资机构，尤其是以股票多头策略为核心业务的机构投资人，通过财务报表分析、估值等一系列的专业化分工，让证券投资像"生物学家解剖青蛙"那样成为一门科学，管理上千亿、万亿美元大规模资金的投资机构应运而生，可以说价值投资是现代投资机构的理论基石。

仔细观察以价值投资为核心理念的证券投资机构，我们会发现其具体的投资策略差异显著，价值投资的创始人格雷厄姆和其弟子巴菲特的投资方式也大相径庭。不同时代、不同资本市场的宏观和企业微观环境，或者说同一时期不同投资者所采取的投资策略完全不同，虽然这些机构都把价值投资作为公司主要的投资理念。

价值投资理念在具体运用时可以细分为格雷厄姆价值投资、巴菲特价值投资，虽然二者都同样关注公司经营和财务数据，但是由于关注的焦点不同，其本质已经大相径庭，投资的标的公司也千差万别。

格雷厄姆价值投资核心理念是寻找便宜货，核心的指标是安全边际。格雷厄姆写作《有价证券分析》的时期，正是美国资本市场低潮，在经历了1929～1933年的经济大衰退和股票市场崩盘之后，投资人对资本市场的信心远没有恢复，大萧条给很多投资人留下了一生的阴影。始于1929年10月25日的这场股灾被后来的人们形容为"屠杀百万富翁的日子"，并且"把未来都吃掉了"，股指最大跌幅达到创纪录的89.38%。在危机发生后的4年内，美国国内生产总值下降了30%，投资减少了80%，1500万人失业。1934年，股指虽有所上升，但距离高点跌幅仍然高达75%，一直到14年后的1942年资本市场才重新进入持续的牛市行情，危机发生26年后的1955年美国股市才爬回1928年的高点（见图4-1）。毫不夸张地说，大萧条影响了整整一代人的投资理念。

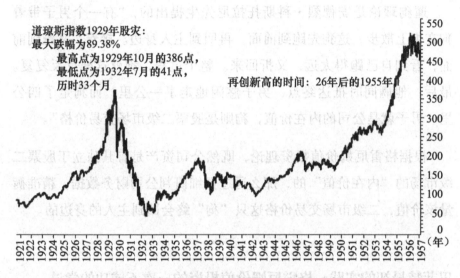

图 4-1　格雷厄姆时代的道琼斯指数

1934年格雷厄姆提出的价值投资受到当时市场环境避险情绪的极大影响。当时美国资本市场1/3的美国工业企业都在以低于清算价值的价格出售，许多公司的股价比它们银行账户上的现金价值还低。关注公司重置成本，寻找便宜又有安全边际的股票是格雷厄姆价值投资的核心理念，并且取得了巨大的成功。

格雷厄姆价值投资理念所聚焦的这类股票在股市低迷时比较常见，投资者很容易根据格雷厄姆价值投资标准，即低于公司净资产2/3的价格买入股票，而这种机会在行情平稳或者上涨时投资机会很少见。

格雷厄姆作为一代投资大师，揭示了价值投资核心理念，即公司是有价值的，股票价格只是公司价值的一种表现方式，相对于股票价格，内在价值属于另一个价值体系，这两个价值有时候相同，有时候又存在巨大差异，"遛狗理论"对这种关系有精辟的分析。

遛狗理论是安德烈·科斯托拉尼先生提出的，"有一个男子带着狗在街上散步，这狗先跑到前面，再回到主人身边。接着，又跑到前面，看到自己跑得太远，又折回来。整个过程，狗就这样反反复复。最后，他俩同时抵达终点，男子悠闲地走了一公里，而狗走了四公里。男子就是公司的内在价值，狗则是股票二级市场交易价格"。

根据格雷厄姆价值投资理论，既然公司资产是有其独立于股票二级市场的"内在价值"的，那么通过仔细研判公司财务数据，精准衡量该价值，二级市场交易价格这只"狗"终会回到主人的身边的。

巴菲特最初的实践：格雷厄姆价值投资的一次不成功的尝试

采用格雷厄姆价值投资方法，投资者即使寻找到了交易价格低于其净资产2/3的投资标的，公司也很有可能存在重大价值毁灭的因素或者面临一定概率的破产威胁（除非是因为其他投资者发生误判导致交易价格偏离），而识别这类风险以及准确评估假设破产后公司的资产重置价值，才是格雷厄姆价值投资方法成功的关键。

根据老师的理论投资的巴菲特第一次买入伯克希尔的股票，是在1962年12月12日，巴菲特以大致8美元的价格买入该公司股票，而当时公司净资产大致是16.5美元左右。1965年4月，巴菲特合伙企业成为伯克希尔的控股股东。1985年，巴菲特关闭了伯克希尔的纺织业务。巴菲特在 1985 年致股东的信中这样写道，我们面对一个悲惨的抉择。纺织业务门槛低，竞争激烈，而且有国外同行低成本的强力竞争。尽管伯克希尔的纺织业务有优秀的管理人员，仍然不行。巴菲特在评价这一投资行为时用了这样一句话："那是一个极其愚蠢的决定。"

以捡便宜货为核心的格雷厄姆价值投资方法遇到前景堪忧的持续萎缩的纺织业务，便宜＋精确估计公司资产价值的方法仍然失效并导致巨大损失，这成为巴菲特投资辉煌历史上一次最著名的失败投资案例，按照当前的市场行情，公司固定资产虽然可以被精确估计，但如果一个行业处在持续的衰退或者重大危机中，当前资产的价格很难按照市值变现，估值最终就像夏天里的冰激凌一样慢慢融化。

中国股市的便宜货不多

A 股符合格雷厄姆价值投资理念的投资标的不多，因为从 2000 年到 2019 年的 19 年的时间内，A 股整体平均市净率最低为 1.3 倍，最高高达 7 倍，在 A 股市场上捡便宜货机会不多（见图 4-2）。

由于中国宏观经济发展远高于世界的平均水平，新兴加转轨的市场特征与格雷厄姆时期大萧条的背景不可同日而语，即使巴菲特模仿格雷厄姆的投资方法，以估值为核心捡便宜货，但由于时代背景已经千差万别，美国经济已经走出困境，结果也会非常不尽如人意。尤其进入 21 世纪，科技网络带动经济增长，新的商业模式层出不穷。公司发展的核心资产不在土地、厂房和机器，而是品牌、人和商业模式，以净资产为核心的估值模式不能评估当前主流的资产的价值。更为重要的是，这轮科技网络带动的技术革命和商业模式创新，其发展初期往往是亏损的，甚至是巨额亏损，并且亏损多年。因此，即使巴菲特式的价值投资的估值模式，关注公司的净资产回报率（ROE）、市盈率等基于公司长期盈利能力的估值指标，在当前主流的投资中，也捉襟见肘，适用性大幅度的降低，市场需要新的理念来评估上市公司尤其是科技和商业模式驱动的成长股的价值。

图 4-2　2000 年~2010 年上证指数市净率

过去 11 年，成长股完胜价值股

从过去 10 年的全球股市表现来看，最显著的特征就是科技股或者说成长股异军突起，成为最大的赢家。回望金融危机结束以来的美股市场，长达 11 年的历史最长牛市，可以说是其最醒目的注脚。

2007 年 8 月美国次贷危机全面爆发，2008 年 9 月雷曼兄弟破产，最终演变为严重的危机席卷全球。在金融危机期间，标准普尔（标普）500 指数巨幅回撤 56.8%，成为美股百年历史第三大幅度的下跌。此后，随着美国政府入场救市，美国财政部注资乃至接管大型金融企业，美联储启用包括量化宽松等多种危机工具，美股最终于 2009 年 3 月见底。此后，美股开启了长达 11 年的历史最长牛市，直至 2020 年 2 月在新冠肺炎疫情冲击中结束。其间，标普 500 指数大涨 400%，仅次于 1990 年 10 月 ~ 2000 年 3 月的 417%。从最低点到 2021 年 3 月 9 日，标普 500 指数涨幅为 4.81 倍，并继续演绎上涨态势。

纳斯达克指数的涨幅更加惊人，如果从最低点的 1265 点算起，到今天累积涨幅 9.3 倍，远远超过标普 500 指数的涨幅。从指数的变化可以看出，从 2009 年开始，美国股市就进入了一个超长的繁荣时期，整体指数都处在大幅上涨的牛市过程中。

其中，以纳斯达克市场为代表的科技创新类公司股价更是得到投资人重点关注，涨幅远远超过了标普 500 指数成分公司的平均水平，成为过去 12 年最大的赢家（见图 4-3）。

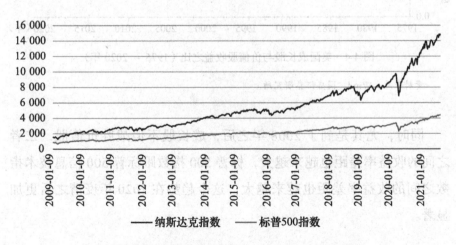

图 4-3 纳斯达克市场的辉煌 12 年（2009 ~ 2021 年）

长达11年的历史最长牛市中，成长相对价值持续占优，科技成长风格极致演绎。

自1975年以来，成长股和价值股就呈现周期波动的特征，各领风骚5~10年，但是进入1998年以后，一直到2021年，除了2008年金融危机前后价值股短暂占据上风，其他的时期成长股完胜价值股，创造了长达20多年的成长股占优的超长纪录（成长股收益与价值股收益之比见图4-4）。

图4-4　美国成长股与价值股收益之比（1975~2020年）

资料来源：Wind，国盛证券研究所。

同时，尤其是到了2008年之后，成长股不但战胜价值股，二者之间的收益率差距也越来越大，标普500指数跟标普500信息技术指数之间的收益率差距也越来越大，这个趋势在2020年疫情之后更加显著。

就中国而言，虽然中国整体A股市场的市盈率并不是特别高，但行业、板块之间的差异历史罕见，跟美国一样，中国价值股和成长股的估值差距也已经达到了历史最高的水平，尤其科创板的设立和注册制的放开激发了投资者的热情，创业板在 2020 年大涨 66%，但 A 股综合指数只上涨了区区 12%，两者差异明显。

从估值上看，创业板、科创板 100 倍估值以上的公司比比皆是，创业板整体平均估值达到 70 倍以上，反观沪深 300 指数，估值还在历史中位数左右的水平，整体估值在 25 倍左右，甚至银行地产的估值在历史最低的 10% 分位水平。

成长股估值：高但有逻辑支持

截至 2021 年 1 月，特斯拉、苹果、Facebook、谷歌等热门公司的股价均创造了历史新高，目前美国纳斯达克市场的估值处于 2000 年以来的最高值，如果剔除 FAANG⊖ 以及特斯拉这几家科技创新类公司的股票，2020 年美国的指数是下跌的，可以说美国股市出现了几家科创公司带动整体股市的现象（见图 4-5）。

估值作为投资的重要因素，无疑非常重要，甚至可以作为投资中最重要的因素独挑大梁，撑起价值投资的大厦。但在当今科技创新日新月异及全球化的背景下，在动荡的商业环境以及新技术驱动的商业模式不断推陈出新的新经济格局下，估值作为投资重要的技术不再具有"一票否决"的能力，反而成为我们观察公司价值的一个视角和窗口，结合产业"赛道"及公司价值创造原力，以寻找价值被低估的"明日之星"。

⊖ FAANG是美国市场上五大最受欢迎和表现最佳的科技股的首字母缩写，即社交网络巨头Facebook（FB）、苹果（AAPL）、在线零售巨头亚马逊（AMZN）、流媒体视频服务巨头奈飞（Netflix，NFLX）和谷歌母公司Alphabet（GOOG，GOOGL）。

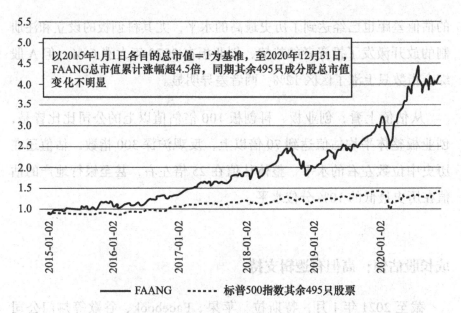

图 4-5　去除 FAANG 的标普 500 指数与 FAANG 的走势对比

当前成长股估值具有合理性：新业态颠覆估值模式

我们这里给以科技网络公司为代表的成长股在估值方面提供一些理解的框架，不构成任何投资建议或者意见，读者可以结合自身的经验做出判断。

在为特斯拉估值时，摩根士丹利（Morgan Stanley）分析师亚当·乔纳斯（Adam Jonas）把特斯拉的不同业务分开进行研究。他给予特斯拉股票目标价每股 880 美元，但他认为特斯拉的汽车业务仅值每股 345 美元，这相当于该公司汽车制造特许权的价值约为 3450 亿美元，对特斯拉汽车业务价值的估算只占乔纳斯给出的目标价的 40%，另外一部分来自该公司的软件和服务业务。其中，电池供应业务（储能业务）价值约 1000 亿美元，自动驾驶出租车业务价值约 770 亿美元，备用电池供电业务价值约 750 亿美元，保险业务价值约 360 亿美元。

为亚马逊估值的逻辑跟特斯拉一样，投资咨询公司 Rock and Turner 的 CEO 兼股票分析师詹姆斯·伊曼纽尔（James Emanuel）认为，可以将亚马逊的各个部分分别进行评估，然后加总，即可以把亚马逊业务分成六大收入来源，包括在线商店、实体商店、第三方零售服务商、零售订阅服务、亚马逊云服务（AWS）、营销服务及其他。截至 2021 年 1 月 18 日，在亚马逊的 1.58 万亿美元市值中，仅 AWS 业务就可以获得超过 9300 亿美元的估值。这意味意，仅这一个业务就可以使其成为与微软、苹果和 Alphabet 等公司并列的全球市值最高的公司之一。换句话说，亚马逊业务中价值最大的还不是在线商店业务，AWS 作为后来孵化的新业务，已经后来者居上，在亚马逊估值中占据核心地位。

从以上两家公司的估值分析中我们可以看到，当前的成长股的估值跟我们熟知的估值模式大相径庭。根据现金流贴现（DCF）模型，一个上市公司的价值是由当前业务价值和当前业务未来的成长机会价值确定的，由于成长股其增长的速度更快，可以被给予更高的估值，这体现在公司的市盈率和市净率指标上，但一切估值的基础来自对当前业务价值的分析和认识，公司的业务价值取决于目前的业务构成，分歧可能来自未来业务增长率的高低以及实现的可能性。

对当前美国成长股估值偏高的一个主流解释将其归因于当前全球的低利率环境，因为无风险利率越低，相应的估值也就越高。在经典的估值模型中，无风险利率位于分子上，新冠肺炎疫情后，美联储大幅降低利率至接近零的水平，同时对于企业估值而言，无风险利率也大大降低，由此抬升了企业估值。按此逻辑，目前较高的 FAANG 估值中包含了低利率的因素，而不仅仅是市场对当期业务和盈利的高度预期。但是，美国不可能永远保持低利率，因此，我们可以认为当前高估值不能被低利率环境完全解释。

对于前面我们提到的特斯拉和亚马逊，传统的估值模式显然对其并不适用，因为估值的基础即现有的业务已经处于高度的变动之中。现有的业务，未来增长率无论如何估计，都不足以对现有的价格进行合理有效的解释。对于特斯拉这个解释的力度甚至低于40%，这在亚马逊上市的时候也一样发生，因为无论如何计算，单凭卖书这个业务，亚马逊也不足以支撑当年的股价。2000年的6月22日，29岁的雷曼兄弟债券分析师拉维·苏里亚（Ravi Suria）判断，亚马逊将在一年内烧光所有现金，亚马逊的商业模式从根本上就行不通。这篇报告直接导致亚马逊的股价较之前的高点跌去了90%。

但是到了今天我们可以看到，亚马逊的商业模式是一个动态的过程，从图书到化妆品，再到整个零售，而后到物流、云服务以及现在的无限可能。

因此，对于当前成长股的估值高企的现象，投资人应该认识到基于移动互联网的科技公司，其业务有巨大的可塑性，汽车制造公司可以引入软件、保险等业务，一家卖书的公司也可以从事科技巨头的核心云服务领域，并且成为行业翘楚。在今天现在看起来，很多天方夜谭的构想都可能实现。原来传统的二阶段估值模型被证明存在改进的空间，这些新公司的新业态是我们此前并不熟悉的，它们的高估值具有一定的合理性。

估值过高的消费股，相当于争抢煮熟的豆子

跟美国不同的是，A股消费类公司作为典型价值型的公司，其估值可以跟科技股相媲美，白酒、饮用水、调料、食用油等典型的消费股估

值也可以达到 50 ~ 100 倍区间，这一点是中美股市非常不一样的地方。

从消费类公司来说，由于其产品和服务能够被大部分的投资人切身感受到，也就是透明度比较高，因此投资人能够对公司的当前业务价值有充分的理解，其估值往往已经体现了当前可见的增长，很少会出现大幅度的低估。

人口结构以及人们口味、时髦流行的趋势，短期虽然变化不大，但长期变动很可能是颠覆性的，估值已经体现了当前可见的增长，投资人必须发现或者承担更乐观的假设，相当长的时间里，他们必须像独自钓鱼的人一样忍受煎熬。

估值过高的滚雪球型的公司，相当于煮熟的豆子，即使选定了最好的品种，但是仍然不会发芽。高估值会极大地侵蚀消费股的投资回报，消费股稳健增长的特征使得其很难出现爆发性增长，如果估值过高，就极大透支了消费类公司未来多年的增长潜力，投资人也很难获得预期回报。消费类公司估值越高，陷入投资困境的可能性越大，对投资人造成的伤害越大。

极少数能发芽的豆子的案例归因于认知的革命性重塑，比如可口可乐每天全球销量高达 16 亿瓶，但绝大多数消费股并不具有可口可乐的能力。如果估值过高，透支了消费股本身的增长的能力，投资人的回报就会堪忧。

高周期股：估值不重要，关键还是对周期的把握

高周期性行业的估值在投资中起到的作用并不特别明显，估值并不是高周期性行业的指路灯塔，反而过于关注估值容易陷入投资困境。

估值的逻辑是对公司业务未来现金流的折现的估计。由于高周期性行业周期的底部跟顶部基本是地狱和天堂的差别，因此，高周期性行业投资人对未来预期往往会出现巨大的差异，也导致公司股价大幅度的波动。公司业绩由周期低谷转向业绩改善，当前高周期性公司业绩进入了上升的周期，这时公司盈利虽然刚刚有所改善，但是仍然处于行业低谷期，导致公司市盈率处于历史高位；而当公司市盈率在高峰期转为下降，公司仍处在盈利高峰，公司的市盈率反而处于低位。

因此，在高周期性行业内，市盈率越低，很可能反映当前投资风险越大。因为股价还没有跟随行业从高峰转向低谷的周期过程而调整，但是一轮行业高峰期已经过去，未来随着盈利下降，投资人不断改变预期，股价将进入熊市；而市盈率高，往往代表当前处于盈利的最低谷，如果盈利持续改善，反而有利于投资。

如果市盈率不适用，是否市净率是更好的估值指标？我们认为，即使采用市净率，其适用性也有限制。高周期性行业的低谷时期的市净率往往低于1，显示行业供过于求，当前的资产低于公司的账面价值。但是，高周期性行业周期往往相对比较长，行业产能出清的过程比较缓慢，资本市场波动又非常大。很多资产虽然市净率低于1，但是最低的时候甚至会出现0.5以下乃至更低的极低估值，根据估值投资高周期性行业，可能会损失效率，同时很可能遭受极值的伤害，在低估值时期出现大幅度亏损，有些公司还有破产风险，这些都使得单纯根据市净率投资危险重重。

第4章 正确认识估值

格雷厄姆式投资："便宜就是硬道理"的时代过去了

- 那个时代已经不存在了
- 前所未有的大萧条
- 股票价值低于 2/3 的净资产
- 极端避险情绪
- 但他揭示了价值投资核心理念——公司有价值，股价是价值的一种表现形式

巴菲特最初的实践：格派价值投资的一次不成功的尝试

- 1. 重置价值法是格派价值投资成功的关键
- 2. 以此逻辑买入伯克希尔的巴菲特经历了最著名的一次失败

中国股市的便宜货不多

- 1. 过去 20 年能运用格派理论的投资机会很少
- 2. 关注长期盈利能力的投资方法也显捉襟见肘
- 3. 市场需要新的理念来评估上市公司价值

过去 11 年，成长股完胜价值股

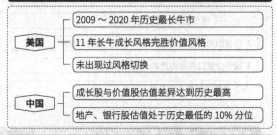

成长股估值：高，但有逻辑支持

- 1. 2015～2020 年标普 500 指数前五大公司市值上涨 2.5 倍
- 2. 其余 495 家公司市值基本没有变化
- 3. 技术驱动的商业模式不断推陈出新
  - 科技创新日新月异
  - 全球化背景下动荡的商业环境
  - 技术驱动的商业模式不断推陈出新

当前成长股估值具有合理性：新业态颠覆估值模式

冰山可见部分不到 40%

- **特斯拉**：汽车业务占估值的比例不到 40%，其余超过 60% 由储能业务、自动驾驶出租车、备用电池供应及保险业务构成
- **亚马逊**：
  - 估值由六部分构成：在线商店、第三方零售服务商、零售订阅服务、AWS 和营销服务及其他
  - 估值权重最高的部分源于 AWS，接近 60%，并非我们熟知的在线零售服务

成长股估值逻辑与传统估值方法大相径庭

1. 更高的估值源于对业务未来高增长的预期
2. 低利率不是解释高估值的唯一因素

估值过高的消费股，相当于争抢煮熟的豆子

1. 消费品公司是典型的价值型公司
   - 产品/服务容易被理解和体验，相对透明度较高
   - 估值充分体现可见的增长
     - 很少出现大幅低估的情况
2. 但我国消费品公司估值可以与科技股相"媲美"
3. 投资估值过高的消费类公司如同煮熟的豆子
   - 品种再好也不会发芽

高周期股：估值不重要，关键还是对周期的把握

周期类公司盈利水平与商品周期错位：
1. 商品周期启动而企业仍可能尚未盈利
   - 高估值阶段
2. 商品周期见顶回落企业的盈利增长可能还会在高位维持一段时间
   - 低估值阶段

第二部分

十年十倍股地图

第 5 章

寻找十年十倍股

　　无论是机构投资人还是个人投资者，在资本市场中都像出海捕鱼的渔民，在面对变幻莫测的资本市场的海洋时，无论是装备精良的渔船还是小舢板，一样都要经受风浪的洗礼，在波涛汹涌的大海中努力顺应大自然的规律，适应在惊涛骇浪中生存并且找到最大的鱼群。在这个过程中，经验无疑是重要的，老渔民不会轻易在飓风中迷失，在躲避飓风以及风浪中驾驭渔船的能力更强，生存的概率也就更高；另外，他们年年出海，更懂得鱼群活动的规律，根据不同季节不同鱼群活动的区域张网以待。

　　在同样冒着巨大风险的同时，经验丰富的渔民收获往往更大。显然，躲避和抗击风浪的能力和找到鱼群都很重要，"在有鱼的地方捕鱼"这个道理每个渔民都懂，也是出海前首先需要明确的目标。没有经验的渔民往往容易随波逐流，在一望无际的海洋中频频下网，陷入一无所获、徒劳无功的尴尬局面，有时即使偶尔遇到鱼群，也可能因为缺乏事先的准备而无法抓住机会果断行动。如果再误入飓风区，加之驾驭渔船的能力有限，很可能陷入危险境地。

在资本市场中，"在有鱼的地方捕鱼"的朴素道理也同样适用，也是投资中首要思考的问题。一个经验丰富的渔民将要出海，他会把过去的那些岁月中，哪些地方曾经捕到过哪些鱼的场景在脑海里回忆一遍，最终确定这次出海的目标海域，当然，鱼群是游动的，天气是多变的，最终的结果还取决于多种因素，有时候还取决于运气。

回顾过去十年的资本市场，哪些板块、行业、公司有收益超过十倍的"大鱼"？通过分析过去十年美国和中国资本市场涨幅超过十倍的股票，投资者能清楚地看到，这些行业的公司取得过非常高的回报，在一个相当长的时间内，通过研究取得十年十倍回报的公司行业分布以及板块特征，这些公司价值增长的路径和逻辑，能够指导我们找寻下一个"大鱼群"和"大鱼"。

十倍股地图：美国和中国十年十倍股的行业分布特征

据统计，截至 2020 年 10 月，过去 20 年中曾创下十倍涨幅的股票有 120 只，其中，公募基金重仓的前 30 只股票涨幅更大，回撤更小，且基本面更为优秀。

从图 5-1 中可以看出，中国 A 股过去十年涨幅超过十倍且被公募基金重仓的股票中，医药生物、食品饮料、电子、计算机、房地产、汽车、化工、有色金属、电气设备和家用电器这十个行业是出现十倍股最多的行业。其中，医药生物、食品饮料和电子三个行业的股票数量更是大大高于其他行业。

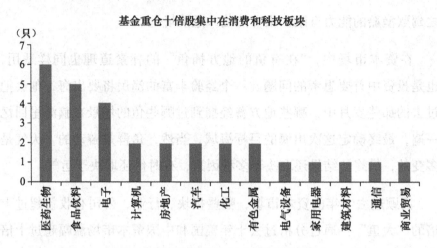

图 5-1　基金重仓的十年十倍股行业分布

资料来源：Wind，东吴证券研究所。

从美国的情况看，过去十年，美股经历了超长牛市，美股出现了大量的十倍股，消费、医药、科技类公司表现尤为亮眼，在 2010～2019 年间美股股价上涨超过十倍并且 2019 年底市值大于 10 亿美元的公司有 81 家。而其中有 14 家都是信息技术行业，具体结论见表 5-1。

表 5-1　美股近十年十倍股行业分布及领涨原因

行业	十倍股公司数量（家）	领涨公司共通的特点
消费品	12	美国宏观经济增长，消费者信心指数不上升背景下：①绝大多数是可选消费公司，12 家入选的消费股中，仅有 1 家必选消费公司，即星座公司（酒类企业）；②重视信息技术升级，通过数字化转型，进行客户、库存及渠道管理，提升用户体验与公司运营效率；③在行业景气度较高时，采取较为激进的扩张政策，通过门店扩张、横向收购扩大市场份额

(续)

行业	十倍股公司数量（家）	领涨公司共通的特点
房地产	2	均为房地产投资信托基金：①赛道景气度较高，2家公司分别选择了自助仓储和移动式房屋领域，是房地产行业中景气度较好的；②强大的运营能力，实现获客、留客以及资产扩张
工业	11	①通过较高的研发投入，取得并保持技术优势，打造优势产品；②聚焦核心产品，专注提升核心产品的竞争力，业务扩张也都围绕核心产品进行；③通过积极收购扩大市场份额或者取得核心技术
金融	6	①平台类互联网公司异军突起，6家十倍股金融公司中，4家是平台类公司，包括贷款平台、金融产品销售平台、债券交易平台；②战略收购以拓展业务或扩大客户为基础
能源	3	①正确应对页岩气革命是公司的成功之道；②受外部供需环境影响较大
通信	8	①低边际成本导致赢者通吃，入围公司基本均为行业龙头；②具有吸引力的内容是成功的关键；③收购以提升用户规模
信息技术	14	过去的十年是移动互联网络兴起的十年，大部分信息技术公司都：①顺应移动互联网、消费电子兴起的趋势；②技术优势是公司的核心竞争力；③通过较高的研发费用，保持技术和产品的领先地位；④收购以获得市场与技术
医疗保健	23	①制药与医疗器械公司高度依赖核心产品，多数公司经历长时期高研发低利润甚至亏损的蛰伏期，并在产品面世后迎来爆炸性增长，公司往往有高额的研发费用；②中小型药企偏好选择合作研发方式降低风险，加快研发进度；③护理等大健康类产业公司主要通过横向收购拓展客户规模
原材料	2	基于既有的技术积累，拓宽产品线，形成覆盖多行业、多场景的多元化市场布局

寻找十倍股：滚雪球而不是滚铁环

投股票等同于投资公司，找到伟大的公司，跟伟大公司共同成长，是投资十年十倍股的核心要义。创造十年十倍的投资回报的公司无一例外都经历了长期快速成长过程，以收入、利润或者 ROE 来衡量，这些公司都是优胜者，客户数量、收入、利润衡量公司规模都呈现大幅跃升。但跟我们感觉不同的是，它们大多数并不直接获益于行业大发展，大部分公司所在的行业并没有经历爆发式的需求增长。

"在有鱼的地方捕鱼"，一般被理解为在需求爆发性增长的行业寻找投资机会，但从实践来看并非如此。过去的十年，以消费品、科技为核心的公司快速成长，股价翻了十倍，但如果仔细分析这两个大的行业，从整体来看，需求的增速远没有个体公司增长得快，从行业指数分析，也是极少数的公司取得了大部分的收益，"强者恒强"的结果造就了十年十倍股。

在中国，无论是白酒、牛奶、空调还是手机的新增客户都处于平稳增长的态势。根据国家统计局的数字，2019 年，全国居民人均消费支出 21 559 元，比上年名义增长 8.6%，扣除价格因素，实际增长 5.5%，食品烟酒支出增长了 6.8%，医疗保健增长了 11.6%。互联网数据中心预计 2021 年国内智能手机出货量将同比增长 4.6%，市场容量约 3.4 亿台。从这些统计数字能够看出，如果从行业整体来看，因为我国 GDP 仍处于 6%～6.5% 的增速区间，所以，大消费以及医疗服务支出整体市场仍处在稳健增长的状态，并没有出现爆发式的增长。从智能手机用户增长率来看，4.6% 的增速甚至低于消费整体的增速。对比美国的情况，由于美国早已实现了城镇化和现代化，居民消费的增速比中国低得多，年均增速一般在 2%～3.5% 这个区间内，相比中国的增速更慢。

巴菲特的滚雪球理论包含两个要素，即一个**长的坡道**和足够**湿的**

雪，雪从山坡顶端滚下，除了自身越滚越快以外，通过自身的重量把坡道上其他的雪也黏附在身上，所以雪球越滚越大，重量越大，黏附的雪就越多。在行业竞争中，领先的企业建立的竞争优势，其品牌、客户资源、有形或者无形资产等形成了优势，就像一开始雪球从顶端滚落。这种竞争优势使得行业的价值向优势的企业集聚，市场份额不断增加。相反，产业内其他公司纷纷退出市场或者被兼并收购，虽然行业整体增长率并不快，但是头部公司的集聚效应使得其规模扩张的速度要远大于行业平均增速，资本市场基于公司未来发展前景给予更高的估值，公司的价值实现"双向扩大"的趋势。

还有一种情形来自"泥石流"性质的科技创新型公司。智能手机虽然增速已经放缓，但是苹果、华为、小米等头部公司的增速仍然很快，原因在于它们不断地推出新的机型和应用。当下，一款新的5G手机相当于智能手机行业的"泥石流"，完全打破在4G手机阶段已经形成的竞争均势，新的5G手机像泥石流一样横扫整个产业，行业全部推倒重来。每一次的新的产品投放都像一次泥石流的发生，创新能力弱、研发投入低、营销能力缺乏、产量低或无法快速响应客户需求的公司被淘汰出局，头部公司通过"破坏性创新"获得发展的机会，获得行业大部分价值，形成"强者恒强"的趋势。

十倍股不能只看行业需求爆发

行业需求爆发式增长拉动行业内公司价值整体大幅度上涨的行业的核心原因往往不是需求，而是供给。由于供给短期（3～5年）缺乏弹性，行业属于重资产行业，产业壁垒高，投入高且推出困难，容易形成供给短缺式的十倍股。海运、大宗商品、贵金属等高周期行业属于这一类。从探矿到形成产能需要漫长的时间，铜矿从发现到采掘运营大致需要20年，2012年全球发现铜矿60个，2016年只有8个，资源量更是不到2012年的10%，这就是一个大周期行业的典型周期成因。价格低迷，资本投入少，勘探发现的资源储量小，等到这些勘探的储量在20年后进入开采期，原有矿石产能逐渐衰竭，如果赶上经济繁荣期，就会出现供需缺口，且这个缺口在可见的3～5年之内根本没有任何其他的方式进行弥补，于是价格开始出现飙升，升值幅度可能高达十倍以上，直到经济周期降温，在十年内公司的股价往往可以飙升到十倍以上，形成供给短缺型的十年十倍股。

需求爆发增长不代表行业具有投资价值，甚至相反，过度竞争反而使得行业整体表现低迷。需求是行业增长的原因，但只是必要条件，而不是充分条件。需求不是形成高周期性行业十年十倍股的根本原因，重资本行业的供给缺乏弹性才是。"在有鱼的地方钓鱼"常被理解为寻找需求爆发式增长且非常确定的行业，而这些行业往往异常的拥挤，竞争也是非常激烈。虽然鱼群不小，但往往没有大鱼。行业内公司没有"护城河"，新的竞争者随时可以加入，那么在竞争中谁也没有能力吃掉对手，只能采取惨烈的价格战，最后也很难形成十年十倍的公司，甚至事与愿违，很多潮头浪尖的公司黯然退场，这种以需求为导向寻找十年十倍公司的做法，尤其在行业需求刚刚形成的那一个阶段往往顺风顺水，实质上跟高周期性行业以及有高产业壁垒的行业形成的供给短缺过程有很大的不同，需要仔细辨别。

关注公司价值创造机制比关注需求更加重要，或者说关注企业的长期竞争优势比关注行业整体的需求变动更为重要。从十年的维度来看，只有真正具有"护城河"，在行业内真正具有竞争力的公司才能给投资人创造长期稳定的回报，而即使行业发展强劲，如果公司竞争力低下，也无法抓住难得的发展机遇，甚至在行业发展高潮中被淘汰出局。

在这个大变革的时代，行业竞争格局瞬息万变，稍有不慎就会被后来者居上，比如诺基亚曾经雄霸手机市场，如今已难觅踪影；梅西百货曾经在美国霸主地位难以撼动，但沃尔玛、亚马逊的崛起现在已经使其日薄西山，甚至被认定为最先进零售业代表的沃尔玛也在与亚马逊的竞争中显露疲态，市值被亚马逊超越。因此，找到具有"护城河"的公司至关重要，不同的产业由于其行业的特点不同，对公司核心竞争力的理解也不相同。例如，招商银行跟腾讯从其战略、组织架构到公司文化、人员构成都大不相同，但它们都在各自的行业具有强大的竞争力，给投资人持续创造了价值。

因此，我们定义了四种"鱼群"和"大鱼"，分别是滚雪球、泥石流、高周期和硬科技四大板块，这些板块在过去十年都出了众多的"十年十倍"股，相对于雪道，我们更关注的是"雪球"，那个可以滚起来最后形成趋势的"坡顶上的雪球"，以及形成最后"大雪球"的过程，希望能够为找寻下一个正在形成中的"坡顶上的雪球"提供更多的线索和逻辑依据。

第 5 章 寻找十年十倍股

寻找十年十倍股

1. 寻找十年十倍股如同在大海里捕鱼
2. 要依靠经验丰富的渔民 / 船长
3. 在有鱼的地方捕鱼才会有大鱼和鱼群

十倍股地图：美国和中国十年十倍股的行业分布特征

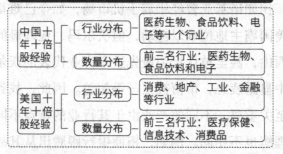

寻找十倍股：滚雪球而不是滚铁环

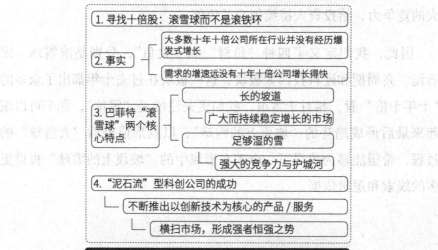

十倍股不能只看行业需求爆发

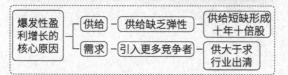

第 6 章

硬核科技公司

一招鲜，吃遍天：研发型科技公司颠覆性创新

赢者通吃是破坏性创新的规律，也是研发型创新科技公司的竞争规则。研发过程是高度不确定的，甚至很多时候研发的目标也是不确定的，但一旦一家公司取得突破，在这个领域就具有了竞争优势，就像足球比赛的"金球制度"一样，不管竞争对手投入了多少资金和资源，在这一刻都将归零。

破坏性创新的概念是由著名的经济学大师，奥地利人熊彼特在1912年最早提出的，克里斯坦森补充和改进了熊彼特的创新理论。他认为，破坏就是找到一种新路径，进而找到一种新的生产函数和模式，通过破坏性创新在低端市场形成新的优势，或者形成有别于原有市场的新市场。

硬核科技公司即传统的科技巨头，主要在技术领域取得突破，而

不把关注的焦点放在技术应用和商业模式上。科技作为推动社会创新的原动力，能够创造大量的直接价值和溢出效应，从而带动社会整体效率的提升。硬核科技的一个显著特征就是在研发上的高额投入以及研发、产品和客户之间相对简单的关系。在 AI 算力、5G 标准、芯片设计、原研药开发领域等，研发构成破坏性创新，研发投入在销售费用的比重可以作为这个行业简单的标志性指标。创新的研发投入一旦形成突破，以及专利技术改变原有格局，像 5G 标准产生一样，一个公司就会迅速打破此前的市场格局，形成性垄断优势和竞争壁垒，直到新的竞争者突破这个新的壁垒。

硬核科技公司价值创造的过程往往是行业关键技术取得突破，从而带动巨额资本投入，经过多轮技术迭代和多轮融资、新产品和专利才能面市并投入商业应用，从而推动新产业链形成，行业价值也被新公司获取，新的创新性公司获得十年十倍的增长机会。

技术创新具有高度的不确定性，注定了只有少数公司拿到整个产业升级的价值，而谁将胜出很难判断，参与的公司和投资人都将承担巨大的不确定性风险。

这也是投资这类十年十倍的硬核科技公司最大的风险，单一技术、单一公司研发的巨额资本投入风险对于投资者来说无法有效管理，只能通过分散投资的方式来控制风险。

在实践中，由于大部分投资人对技术发展的前景具有乐观的预期，能够大比例投资该行业的投资者相对更加积极，加之"羊群效应"，容易形成普遍高估值的局面，类似于 2000 年在中美乃至全球出现的"科技股泡沫"（见表 6-1）。

表 6-1　科技股泡沫崩溃与明星股跌幅

股票	2000 年最高点股价（美元/股）	2001～2002 年股价低点（美元/股）	下跌幅度（%）
亚马逊	75.25	5.51	98.70
思科	82.00	11.04	86.50
康宁	113.33	2.80	99.00
捷迪讯	297.34	2.24	99.50
朗讯科技	74.93	1.36	98.30
北电网络	143.62	0.76	99.70
Priceline[①]	165.00	1.80	99.40
雅虎	238.00	8.02	96.40

① Priceline 于 1998 年成立，是一家基于 C2B 商业模式的旅游服务网站，也是目前美国最大的在线旅游公司。

从表 6-1 可以看到，当年"大牛股"都出现了急剧的下跌，普遍跌幅都在 9 成以上，投资人为整体高估科技股的价格付出过惨痛的代价，表中的北电科技最后以破产结局。

在估值普遍偏高的情况下，投资收益取决于投资人对行业、公司的深刻理解和精准判断。成功的投资是少数，大部分会失败，但是成功投资一家公司就会取得超常回报，足以抵消失败投资的损失，这种投资收益率呈现出的典型的"长尾"分布特点在高科技尤其是硬核科技领域屡见不鲜，对投资人的专业判断提出了挑战。苹果在经历了 2000 年科技股泡沫以及多年低迷以后，乔布斯的回归使得公司重新获得了研发的灵魂，并在 2007 年 1 月 9 日成功推出 iPhone，从而改变了手机市场的格局，股价也重新获得了上涨的动力，苹果股价从 2011 年 3 月 9 日的 7.35 美元，到 2021 年 3 月 9 日收盘价 121 美元，十年涨幅达到 15.5 倍，最高价为 144.88 美元，十年间股价最高价翻了19.7倍（见图6-1）。

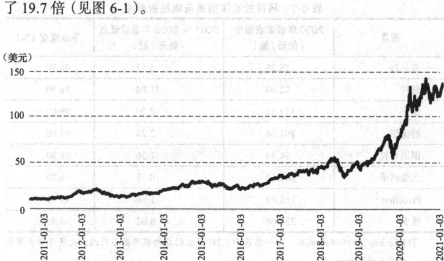

图6-1 苹果股价的十年飞跃

研发+重资本投入：摩尔定律与弯道超车

还有一种基于研发优势+重资本投入的技术创新型公司，芯片和液晶显示屏公司都属于此列。这类破坏性的技术创新从一开始就是资本的竞争。摩尔定律主导着行业竞争，成为一个烧钱的马拉松竞赛。

1965年，《电子》杂志在创刊35周年之际，邀请时任仙童半导体公司研究开发实验室主任的摩尔，为其撰写一篇观察评论，预测微芯片工业的前景。此时，全球半导体产业才刚刚萌芽，英特尔都尚未成立，市面上生产和销售的芯片更是屈指可数。

摩尔根据有限的数据大胆提出了一条被后人奉为圭臬的路线图，即处理器（CPU）的功能和复杂性每12个月⊖增加一倍，而成本却成比

⊖ 1975年，摩尔将12个月改为18个月，沿用至今。

例地递减，也就是有名的摩尔定律。

这篇名为"让集成电路填满更多的元件"的报告，就此指导了半导体乃至整个信息产业半个世纪的发展步伐。在过去的几十年里，为了满足摩尔定律，半导体行业内公司上演了夺命狂奔和弯道超车的好戏。

1971 年英特尔发布的第一个处理器（代号 4004）就采用 10μm[①] 工艺生产，仅包含 2300 多个晶体管。随后，晶体管的制程节点以 0.7 倍的速度递减，90nm[②]、65nm、45nm、32nm、22nm、16nm、10nm、7nm 等相继被成功研制出来，最近的战报是向 5nm、3nm 突破。技术研发投入与光刻设备的更新换代，都需要半导体厂商耗费大量的资金；生产精密程度的不断提升，也需要在制造环节投入更大的人力物力；一代代芯片生产线的设计、规划、调试成本，也在以指数级增长。以前，生产 130nm 晶圆处理器时，生产线需要投资数十亿美元，到了 90nm 时代则高达数百亿美元，超过了核电站的投入规模，3nm 芯片的研发成本，甚至将达到 40 亿～50 亿美元。

很显然，半导体企业不可能长期做到"既让性能翻一倍，又让价格降一倍"，如果 18 个月没有收回成本，就要面临巨大的资金压力。

研发+重资本投资的硬核科技公司资本投入是公司赖以生存的命脉，并且要保证在摩尔时间内，也就是 18 个月内，资本投入的密度要达到跟上或者超过行业进步的步伐，赢家通吃，但输家并不会像在硬核科技医药研发被直接踢出局，但落后的公司将面临长期"水下生存"的不利局面，即由于资本投入不足后者没有达到最低规模，因此

[①] $1\,\mu m = 1\times 10^{-6} m$。

[②] $1\,nm = 1\times 10^{-9} m$。

不能达到行业最佳成本，只能在成本线以下定价，公司每生产一个产品都要承受损失，并且在此情况下还要坚持，因为下一代的技术研发投入已经开始，下一轮资本投资的序幕已经拉开，如果缺席这一代，也许就再也没有回到主跑道的机会，从而彻底出局，前面的累积巨额投入也将全部打水漂。

除非技术升级趋缓或者出现细分市场，跟随者才有后来居上的机会，但这种机会随机性和偶然性很大，成功的概率并不高。因此，跟随者的风险更大，后文我们会继续讲述英伟达和英特尔的故事，看看英伟达是如何实现惊天逆袭的。

钢铁是怎样炼成的：埃隆·马斯克与特斯拉的启示

特斯拉股价从 2010 年 6 月 29 日的 4.778 美元上涨到 2021 年 3 月 9 日的 673.58 美元，其间上涨了 140 倍，最高涨到 833.1 美元/股，创造了特斯拉神话（见图 6-2 和图 6-3）。

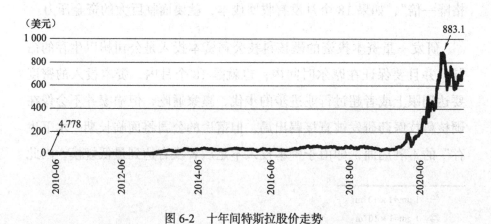

图 6-2　十年间特斯拉股价走势

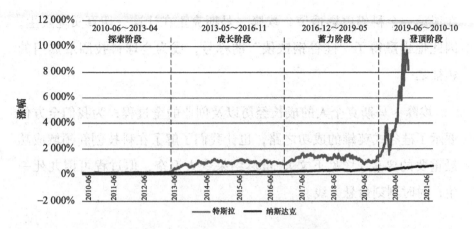

图 6-3 特斯拉与纳斯达克指数的十年

2021 年 1 月 8 日，美国彭博社发文称，美国特斯拉公司 CEO 埃隆·马斯克超越亚马逊创始人杰夫·贝佐斯成为世界新首富。刚刚过去的 2020 年，因特斯拉股价狂飙 743%，埃隆·马斯克的个人净资产飞涨超 1500 亿美元，达到了惊人的 1850 亿美元，一年之内身价暴涨 7 倍，彭博社惊呼，"这可能是历史上最快的财富创造"。作为特斯拉、SpaceX、SolarCity 等多家明星公司的老板，马斯克涉足的领域覆盖了电动汽车、太空旅行、光伏发电甚至是脑机接口等众多领域，在这些领域马斯克都取得了令人瞩目的非凡成就。

最惹人注目的疯狂举动在于，他创立的 SpaceX 仅用了 10 年就能用货运"龙飞船"为 NASA 往空间站运送货物；又过了 8 年，就把宇航员送入了太空，由此开启了全球商业载人航天时代。他的规划还包括梦想成为登上火星的第一人，以及让 100 万人能够移民火星，让火星成为地球人的第二家园。这些即使在今天看来仍然像是在谈论一个科幻电影情节,埃隆·马斯克正在让这一切真实地发生,因此他也赢得了"硅谷钢铁侠"的称号,成为全球科技圈最热门的领袖之一。

埃隆·马斯克个人的成长经历以及创业的全过程,为我们全方位展示了硅谷式英雄的成功之路,也让我们了解了在科技创新领域成功最重要的要素(详见下文),虽然结果令人振奋,但过程可谓九死一生,时时刻刻命悬一线。

科技创新公司,人是第一要素

创始人坚韧不拔的性格因素毫无疑问是一切创业成功的最重要因素,但显然,在完全未知的科技创新领域探索,时时"嚼着玻璃,直面深渊"的感觉对创始人更是一种持续的重压,这也注定了科技创新成为只适合少数人参与的极限游戏,也只有具备这种挑战自身极限能力的成功人士才敢于成功并且一直成功下去,就像我们在极限运动中感受到的一样。

雷军曾经说过,"如果一个人脑子没有出问题,是不会选择创业这条路的,那不是人干的事",普通人连尝试也不想尝试,更加接受不了失败的反复折磨,创业只适合想真正挑战自身极限的少数人。

"他一直不断向前,只有这样他才能生存下去",这是马斯克第一任妻子贾斯汀评价马斯克的话。纵观马斯克创业之路,勇往直前,取得连续成功是马斯克性格使然。马斯克创业之路充满艰辛挑战,无数次濒临破产边缘,而其逆境之中爆发的超级耐力和抗压能力以及屡败屡战创业精神使其最终取得了连续的成功。

早期，马斯克先后创建了两家互联网公司：Zip2 和互联网金融服务公司"X.com"，也就是 Paypal 的前身，并先后以 3 亿美元和 15 亿美元出售，而这时的马斯克只有 31 岁。28 岁成为亿万富翁，31 岁已经名动硅谷，即使那时马斯克功成身退，他也是硅谷的传奇。

但马斯克在购买了名车豪宅以后，又先后启动了 SpaceX、特斯拉和 SolarCity 项目，这些项目每个都是需要百亿甚至千亿美元量级资本投入的重资产行业，任何一个项目失败都足以使马斯克倾家荡产，"一夜回到解放前"。

2002 年 6 月马斯克成立了 SpaceX，2004 年投资特斯拉并成为最大股东，2006 年成立 SolarCity。在相当长的时间内，马斯克都需要同时面对三家公司的巨额资金投入，他出售两家公司获取的几亿美元根本无法满足这三家公司的资本需求，逼得马斯克又卖掉了豪宅，一度寄居在朋友家的沙发上。

即使是在融资环境发达的美国，完全没有盈利且前景高度不明朗的三家公司都面临巨大的融资压力，时刻都处于现金流断裂的危险之中。2008 年金融危机过后更是雪上加霜，SpaceX 第三次发射失败，特斯拉账上只剩下 900 万美元现金并且大规模裁员，他已经把自己最后仅有的 2000 万美元追加投资了特斯拉，赌上了全部的身家性命，前妻贾斯汀当时正在发起离婚诉讼，这一切让马斯克处在崩溃的边缘。马斯克已经考虑要关掉 SpaceX 或者特斯拉其中的一个来换取另一个生存下去的概率，他经常半夜做噩梦并尖叫惊醒，根据他第二任妻子莱利的回忆，她那时候感觉马斯克在死亡边缘徘徊，随时都可能心脏病猝死。

马斯克在工作中其实是一个极其糟糕的人，性格暴躁，不易相处。在 Zip2 的创业早期，马斯克跟创业合伙人为了商业决定甚至大打出手，风投进入罢免了他 CEO 的职位。Paypal 则更加戏剧化，Paypal 主要员工两次发动"政变"：第一次，主要工程师集体出走成立了一家竞品公司；第二次，在投资人帮助下又一次成功罢免了马斯克的 CEO 职位。到了 SpaceX 和特斯拉、太阳城时期，马斯克的强硬作风使其高管团队备受煎熬，一些核心人物纷纷选择离开。马斯克爱情也不顺利，他有两任妻子和三次婚姻。

但这一切，都没有阻挡马斯克超强能力的发挥，成就其极致成就。引用马斯克第一任妻子的话："极致的成功需要极致的个性，这就要以其他方面的牺牲为代价，那些极端的伟大人物总是强迫自己，以非同寻常的方式去体验这个世界，总能以全新的角度看到具有洞见的创意。但是，人们常常认为他们是疯子……"

毫无疑问，极限游戏成就极致成功，这些挑战人生极限的人，他们本可以选择不去做这些疯狂的举动，稳中求胜说不定也可以功成名就，是什么吸引他们疯狂地追求成功？他们是怎么考虑风险和回报的？

第 1 章提到的徒手攀爬家亚历克斯·霍诺德的见解可以给我们另外一个视角来理解上面两个问题。

霍诺德被问最多的一个问题是：难道你不怕死吗？你不害怕掉

下来吗？

霍诺德的回答是："山在那，不去爬，我永远不会满足。在她（Sanni，他的女友）看来，生命的意义在于幸福，在于结交让自己生命更充实的人，好好享受一切。但在我看来，生命的意义在于成就，谁都能活得舒适快活，但如果人人都追求舒适快活，世界就无法进步。生命之意义在于当一个勇士，至于具体追求什么，倒不见得多么重要，这就是你的人生道路，你要好好走下去。你直面恐惧，只因这是实现目标的必然要求。这就是勇士精神。"

只有马斯克、霍诺德这种对极致成就有强烈追求的人，才可能在科技创新这个未知的、残酷竞争的领域生存下来，而这种精神的人是公司精神领袖和成就的原动力。

大赛道才能出大玩家

马斯克一个鲜明的特点是商业洞察力，能够敏锐地识别捕捉具有宏大主题和发展前景的投资赛道。从马斯克创立的几家公司来看，在资本市场中，互联网金融、新能源汽车、光伏新能源所代表的行业总市值都是万亿美元量级的行业，颠覆型的创新带来的价值转移效应使新公司可以得到原有行业的大部分价值，即使在初期，考虑到巨大的需求和产业价值空间，也可以得到投资人和资本市场的支持和青睐，在硅谷VC、私募股权投资（PE）及纳斯达克市场等完善的融资环境下公司可以得到高速发展，创新型公司可以以"十倍速"方式实现价值增长，作为创始人和主要投资人的马斯克，其财富也以火箭速度蹿升。

第一性原理，创新商业模式的底层逻辑

为什么是马斯克？马斯克为什么能够发现互联网支付、电动汽车、航空技术这些颠覆型的行业机会并且实践，正在被新技术颠覆的行业的传统公司都睡着了吗？还是说，这些公司羸弱且不堪一击？

事实显然不是如此，这些领域存在巨大的发展前景和机会，因此都处于高度竞争（甚至国家参与的垄断竞争）的环境中。汽车、金融、航天、能源行业都是经历过残酷竞争的行业，行业内都形成了全球的寡头垄断，几家巨无霸体量的巨头垄断了全球市场。丰田、通用、福特、波音、洛克希德·马丁空间系统公司等都是具有悠久历史和庞大体量的寡头垄断企业，过去的几十年从来没有新的公司能够挑战它们的霸主地位。但马斯克成功做到跨越行业壁垒和行业内成功企业的"护城河"，同时在这么多不相关领域内取得成功，不但挑战原有的行业霸主地位，并且在市值上已经实现超越，投资人已经把未来的信任票投给了 Paypal、特斯拉、SpaceX、SolarCity 等这些马斯克概念公司。

马斯克把自己的思维模式称为"物理学第一性原理"，他认为，物理为理解那些跟直觉相悖的新事物提供了一个很好的框架，这种框架可以应用到商业实践中。比如说量子力学就是违背直觉的，实际的运动规律与人的感觉正好相反，并且物理可以通过实验高度精确地验证。物理学之所以可以在这些违背直觉的领域取得进展，就是因为它将事物拆分到最根本的单元，然后从那里推理，这几乎是探索未知领域的唯一有效的方法。现实生活中我们常常采用类比推理，更多采用"别人的"经验做法，类比推理可能只对经验的做法脑补了一个故事，

因此也就无从创新和改造。

商业模式创新:"跨圈"和"画新圈"锚定新的价值增长空间

作为马斯克产业核心的新能源汽车和航天行业除了以上的转移效应以外,还具有"跨圈"和"画新圈"(见图6-4与图6-5)的能力,马斯克深刻的商业洞察力体现在其技术和商业模式的创新上,使公司价值得到进一步增强。随着特斯拉等新能源汽车的逐步普及,人们已经越来越清楚地意识到,电动汽车跟传统的汽油汽车相比不再是同一行业的简单迭代,而且这种创新带来的价值将深刻改变汽车行业乃至石油、大宗商品市场。随着电动汽车以及自动驾驶技术的发展,未来汽车行业已经不再仅限于满足人们交通出行的需求,汽车将逐步成为轮子上的"手机",从而跟人们更广阔的需求联结,使电动汽车的价值空间更为广阔。特斯拉正在带领汽车行业成功地实现"出圈",进入万物互联的广阔应用场景,而这一商业模式的转变是特斯拉最大的价值增长引擎。

航天科技(不管载人与否),需求主要来自政府采购,更多应用于空间探索和军事领域的应用,因此,有限的采购合同和苛刻的采购条件使得航空航天行业在资本市场的市值并不是很高,还不能称之为"大赛道"。但马斯克把SpaceX定位于火星移民,且不说这种定位在技术上的可行性,单纯从商业上来说,这个定位定义的是一个新的需求和"赛道",100万人移民火星在商业上的价值得以浮现,从而为公司发展跟资本市场的联结提供了"价值的锚定"。

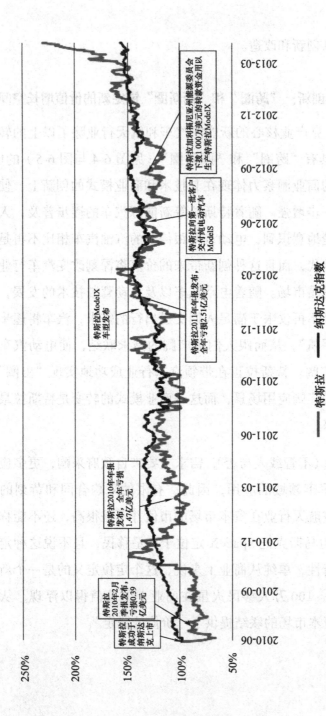

图 6-4 探索期特斯拉跟纳斯达克指数相比并没有明显的超额收益

第6章 硬核科技公司 69

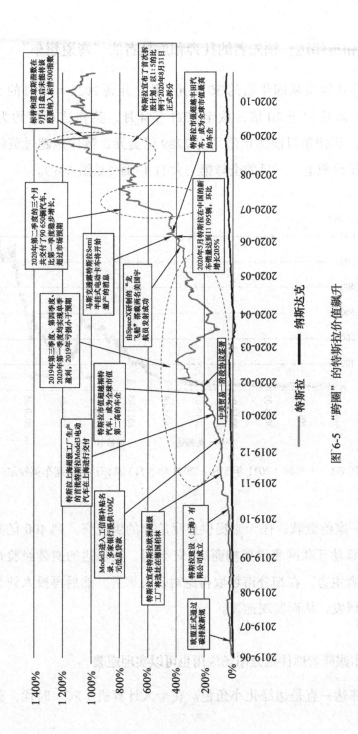

图6-5 "跨圈"的特斯拉价值飙升

英特尔和英伟达：领先者的狂奔和追赶者的"弯道超车"

英伟达股价从四年前的 30 美元/股上升到 2021 年 4 月的 520 美元/股，增长率近 20 倍，截至 2021 年 4 月，英伟达市值约为 3520 亿美元；英特尔目前的市值约为 2289 亿美元，英伟达超过英特尔成为仅次于台积电、三星的全球第三大 IT 厂商（见图 6-6）。

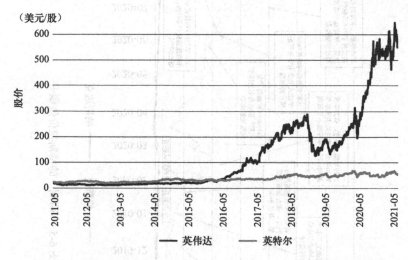

图 6-6　十年间（2011 年 5 月 ~ 2021 年 5 月）英伟达弯道超车英特尔

从一家给微软、任天堂提供显示芯片的供应商，到 400 亿美元收购英国移动互联网底层架构商 ARM 公司，英伟达的逆袭经验是：避开领先者主力，在细分市场取得绝对占有率后，然后再投入到更核心产品的研发，从而实现逆袭。

技术跟随者抓住细分市场应用也可以实现逆袭

英伟达一直是边缘化小角色。在个人计算机（PC）时代，英伟达是边缘的 IT 制造商，相比英特尔和超威半导体公司（AMD）主导的 CPU，它的高端显卡主要提供给微软、任天堂的游戏机和以游戏为主的个人计算机。英伟达无法像英特尔芯片和微软操作系统一样成为个人计算机的标配，这意味着它的产品在销量和利润上处于边缘化。财务数据显示，2011 年英伟达全年营收 35.4 亿美元，净利润为 2.5 亿美元，而英特尔仅在当年第一季度，就实现了 128 亿美元的营收，32 亿美元的利润。

英伟达"丹佛计划"弯道追赶

英伟达利用智能手机弯道超车，制订实施"丹佛计划"，即用 ARM 的指令集，设计英伟达的 CPU 芯片，并在该芯片上集成 GPU 一举实现逆转。英伟达思路是图形处理器与中央处理器合二为一，虽然性能上无法与英特尔的 CPE 芯片相抗衡，但新的芯片体积更小、能耗更低，符合移动互联网设备对能耗和体积的要求。随着 2011 年 iPhone 4 掀起的移动浪潮，全球移动手机出货量每年呈现增长率高达两位数的增长趋势，其中与英伟达捆绑的 ARM 成了基础架构，占据着手机处理器 90% 的市场份额、上网笔记本处理器 30% 的市场份额以及平板电脑处理器 80% 的市场份额，四年净利润增长 2.5 倍。

AlphaGo 人工智能重资本投资实现逆袭

超前布局，英伟达利用人工智能（AI）领域的领先一举实现对英特尔的超越。大家肯定对人工智能棋手 AlphaGo 以 4 比 1 的大比分击败韩国围棋国手李世石记忆犹新，这场人机大赛带来了 AI 浪潮。英伟达就是通过 AlphaGo 为代表的人工智能大手笔投资，使其在人工智能领域后来居上，从而实现对英特尔的超越。在看到人工智能技术可行性后，英伟达累计投入 100 亿美元的资金进行研发，最近以 400 亿美元收购 ARM，在 AI 时代，英伟达终于跟英特尔站在同一起点竞争数据中心。

在"平的世界"里：新技术和新商业模式的结合造就横空出世的颠覆者

过去几十年，全球的发展至少有十个趋势让世界变成"平的"，虽然贸易壁垒有卷土重来之势，但当前世界给"颠覆者"创造了绝佳的外部环境，因此我们可以看到，原本壁垒森严、墙高河深的行业霸主经常被行业的"新进入者"挑战，几十年乃至上百年构建的"护城河"被轻易攻克。2008 年，美国《纽约时报》著名记者托马斯·弗里德曼在《世界是平的》一书中列举了他认为碾平世界的十大动力。

- 创新时代来临：柏林墙的倒塌和 Windows 操作系统的建立。
- 互联网时代的到来和 Web 的出现和网景的上市。
- 工作流软件：让你我的应用软件相互对话。
- 上传：驾驭社区的力量，指的是"博客"和"维基百科"这类应用。
- 外包：印度的软件服务外包业务。
- 离岸经营：与瞪羚一起赛跑，与狮子一起捕食，中国的"入世"推动了离岸经营的快速发展，中国"三来一补"⊖让中国制造快速崛起。

⊖ "来料加工""来样加工""来件加工"和"补偿贸易"的简称。

- 供应链：沃尔玛的全球供应链优势。
- 内包：联合包裹服务公司（UPS）提供供应链管理服务使小公司也可以享受全球化的好处。
- 谷歌等提供信息的搜索服务。
- 数字的、移动的、个人的和虚拟的类固醇（大量移动通信终端的出现）。

以上的十大动力使用全球产业链高度分工、互联网、机器人等柔性生产线技术，把复杂的、区域性、一体化、贸易化的世界拆解成一个个产业链上的模块，给商业能力超群的创业者提供了形成新的商业模式的基本条件；电池、航天等新技术突破从技术的维度使新的商业模式具备了商业的可行性，新技术和新商业模式的结合造就了科技创新领域一轮创新的高潮。

以 iPhone 为例，来看看全球化背景下产业链细分以及协作趋势。苹果在全球主要的供应商为 200 家，这 200 大供应商包揽了苹果 2018 年全球原材料、制造和组装采购金额的 98%。在 2019 年全球 200 大供应商里面，中国内地和香港供应商的总数为 40 家，日本供应商的数量为 39 家，韩国入围供应商的数量为 14 家（见图 6-7）。

可以说，苹果正是全球化的产物，也受益于全球化的发展。正是这 200 多家全球核心供应商，让苹果可以高效地创新，推出新的机型和新的科技应用，而不再是原来的模式，即上下游一体化，复杂冗长的官僚体系及低效的沟通。虽然为其供应的产品并不是在全球比较后最好的，但在全球化背景下，消费者可以得到最新的技术应用和最好的服务，这说明投资者也分享了全球化带来的红利。

2018年排名	地区	2018年苹果供应商数量
1	中国台湾	51
2	日本	44
3	美国	40
4	中国内地+中国香港	34
5	韩国	11
6	德国	6
7	其他	14

a)

2019年排名	地区	2019年苹果供应商数量
1	中国台湾	46
2	美国	40
2	中国内地+中国香港	40
3	日本	39
4	韩国	14
5	德国	6
6	其他	15

b)

图 6-7 两年间苹果供应商的全球变迁

互联网技术对产业的创新可以有效地说明这个原理，这也是马斯克最早创业成功的领域。移动互联网技术的出现，可以使创业者从最根本的客户需求出发去思考问题，复杂的产业链变成了可以重新组织和组合的合约，从而催生了新的商业模式和公司。

银行庞大复杂的体系在互联网金融技术应用面前变得透明，人们需要便捷的支付方式但并不关心如何实现它，也不太关心提供这项服务的提供者到底是银行、发卡机构还是一家科技公司。直面客户需求、采用手机支付的方法，联结了所有人和机构，金融行业被Paypal、支付宝、微信支付彻底改变了。

传统汽车行业有围绕汽油发动机、变速箱核心技术构建的复杂的产业链体系、沉积百年的品牌，规模化的生产、营销体系和售后服务体系构建的完美"护城河"，但在特斯拉以电池为核心的新供应链体系、机器人柔性生产线、自动驾驶和直销体系面前，高城深池的城堡崩塌了。

在这个大变革时代，AI、VR、5G等技术不断取得开创性的进展，马斯克以及其代表的思维方式、商业洞察力和创新力能够使我们用全新的视角观察世界。

事实上，人类的基础研究尤其是物理基础研究几乎陷入了"停滞"，人类受制于基础理论的桎梏，自从20世纪发现相对论和量子理论之后，近一百年现代物理没有突破性进展。

近一百年内人类应用技术的进步都是量的积累。1927年服役、第二次世界大战时被日军击沉的美国列克星敦号航母，最高航速33节[⊖]。2017年，造价达150亿美元的最先进航母福特号，航速30节；1970年，第一台波音747用8小时从纽约飞往伦敦。48年后，喷气客机从纽约肯尼迪机场到伦敦盖特威克机场用时5小时13分钟。1969年阿波罗10号载人登上了月亮，而49年之间人类再未拜访过月球。

但是，我们同时发现，电池技术、互联网等技术应用的发展和颠覆性的商业模式两个维度的创新使得人类知识积累的效率和商业社会运行的效率大大提高了（我们会单独在商业模式中再论述），风险投

⊖ 1节=1.852公里/小时。

资、硅谷、纳斯达克、创业板、科创板等制度安排使得财富正以历史上最快的速度积累，一家五年历史的公司在完全没有盈利的情况下，估值就可以达到1000亿美元以上，而这样的趋势显然仍在延续。

未来十年，沿着技术突破，技术应用这条主线，以及随着人们消费习惯的改变，可以预见在商业模式颠覆性创新的维度，未来大量公司会扎堆出现，类似特斯拉这样的颠覆者对于投资行业价值创造逻辑的颠覆性影响，仍然值得期待。

第6章 硬核科技公司

一招鲜，吃遍天：研发型科技公司颠覆性创新

破坏性创新赢者通吃是研发型科技公司的竞争规则

- 1. 高研发投入 — 研发投入/销售费用比率高
- 2. 金球制度 — 一旦技术取得突破，竞争对手的投入全部归零
- 3. 技术领域突破而非应用和商业模式层面
- 4. 与客户之间的关系相对简单

研发型科技公司的风险

- 1. 单一技术，巨额投入
- 2. 技术创新具有高度不确定性
- 3. 普遍高估 — 易形成泡沫（科技股泡沫）

研发+重资本投入：摩尔定律与弯道超车

芯片与液晶显示屏行业

- 1. 烧钱快
- 2. 不停上演夺命狂奔和弯道超车
- 3. 无论资本投入、研发还是速度，如果没有跟上，将面临长期"水下生存"

钢铁是怎样炼成的：埃隆·马斯克与特斯拉的启示

科技创新公司，人是第一要素

- 1. 坚韧不拔的性格
- 2. 强大的洞察力
- 3. 将设想变为现实的能力
- 4. 连续创业成功者
- 5. 追求极致成就

大赛道才能出大玩家
- 1. 宏大的主题
- 2. 具有广阔前景的领域

第一性原理，创新商业模式的底层逻辑
抛开原有观念，回到最基本的限制条件上去重新认识和解决问题

商业模式创新："跨圈"和"画新圈"锚定新的价值增长空间
1. 汽车	燃油车 VS. 电动车
2. 航天器	政府 VS. 民用；军事 VS. 商用

英特尔和英伟达：领先者的狂欢和追赶者的"弯道超车"
- 1. 避开领先者主力
- 2. 在细分市场取得绝对优势
- 3. 再投入核心产品研发，实现逆袭

在"平的世界"里：新技术和新商业模式的结合造就横空出世的颠覆者
- 1. 当前的世界给"颠覆者"创造了绝佳的环境
  - 几十年甚至百年的"护城河"可以被轻易攻破
- 2.《世界是平的》一书列举了碾平世界的十大动力
  - 许多该书中的预测已成为现实
- 3. 苹果手机颠覆了传统手机，全球的供应商 200 余家
- 4. Paypal、支付宝、微信支付颠覆了传统支付业务
- 5. 特斯拉正在颠覆美国传统汽车业近百年的"护城河"

第 7 章

滚雪球：消费、服务赛道

不容易被变革所颠覆的稳定坡道

消费品和服务业细分行业中技术进步慢或者稳定，产业变化小，监管环境稳定的行业，是孕育"强者恒强"的公司的必要条件。巴菲特投资的大部分公司都有滚雪球型公司的特点，即产业成熟、行业头部公司、规模大、持续盈利，ROE 高且负债少、业务简单。

可口可乐就是这样的一家公司，从 2010 年 8 月 24 日到 2021 年 3 月 12 日，可口可乐股价从 13.27 美元上涨至 50.36 美元（见图 7-1），涨幅为 279%，同期标普 500 指数从 1160 涨到 3850，涨幅为 231%，基本与指数涨幅一致，略高于指数回报率，表现虽然战胜指数，但并不是很惊艳。如果我们看更长期的数据，从 1986 年 3 月 12 日到 2021 年 3 月 12 日这 35 年期间，可口可乐的股价从 102.76 美元上涨到 2021 年 3 月 12 日的 3496 美元（见图 7-2），涨了整整 33 倍，简单平均来看，差不多一年涨一倍，这个数字远远高于标普 500 指数 16 倍的涨幅，比指数涨幅高一倍以上，而在这 35 年的历史中，能够一直保持这样高的投资回报的公司可以说是凤毛麟角。

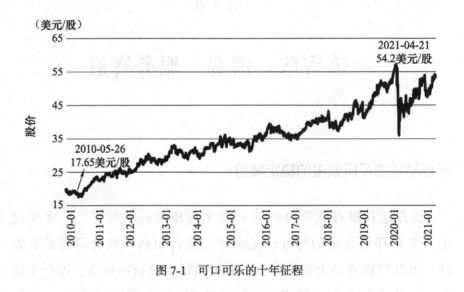

图 7-1 可口可乐的十年征程

可口可乐这样的公司难能可贵的一点就是"稳定性"，在 35 年历史中，可口可乐不但屹立不倒，而且能够在快速变革的世界中一直保持稳健的增长，持续地给投资人创造价值，真正做到了穿越牛熊。

图 7-2 放长时间看可口可乐股价走势

自 1886 年，亚特兰大市一家药店的药剂师约翰·彭尼顿偶然间将可口可乐配制出来后，其口味、配方基本没有改变。可口可乐商标是 1900 年由鲁滨逊设计的斯宾塞体草书"可口可乐"字样，其间虽然有细微的调整，但 120 年来从未做出重大改变。可口可乐经典玻璃瓶由厄尔·R.迪恩于 1915 年在 24 小时内设计出草图，并且赶在当天机器停下之前做出模具并制造出一些成品，1920 年正式成为可口可乐的标志性包装并成功应用了一百年。可以说，可口可乐重大元素在该公司一百多年的历史中一直保留下来，形成了强大的品牌优势，至今仍然生机勃勃。

上文所述的这种情况，大部分的行业都很难想象，芯片按照摩尔定律，基本每 18 个月性能翻一番；手机基本上一年就是一代新机，每一代新的机型跟上一代都有技术或者性能上的大幅度的跃进。从 iPhone 1 到现在的 iPhone 12 5G 版（见图 7-3），全球手机市场经历了翻天覆地的变化，从诺基亚、摩托罗拉、爱立信、索尼到苹果、三星，再到现在的苹果、华为、小米，等等，各手机厂商激烈对决，传输技术的快速演进、芯片的摩尔定律、操作系统的博弈，甚至未来汽车、可穿戴设备等的发展都将深刻地影响手机这个行业的发展。处在这样的产业中，手机制造公司不但要高度关注自身在行业内的定位及行业的竞争格局，而且由于其竞争环境处在高速复杂的变动之中，手机厂商还要关注手机整体产业链环境的发展，甚至原本跟手机完全无关的电动汽车产业也可能作为竞争对手横空出世，根本无法像可口可乐一样采取一百年不变、以不变应万变的战略来坚守战略高地，长时间地占据行业的龙头地位。

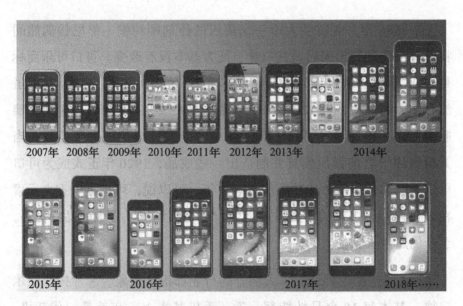

图 7-3　苹果智能手机的演化

单从投资的角度看，卖饮料的公司跟高科技公司相比"护城河"

更加清晰可见。卖饮料的公司更容易采取相对长期的战略保持竞争优势，并且竞争优势可以长期保持。类似可口可乐这类消费品公司，由于消费者的需求很难被其他科技进步所替代，无论是降低成本还是提高消费者体验，消费的"赛道"都相对比较清晰，很难被颠覆。其他相关产业的发展以及技术的进步无法对消费品公司形成威胁，行业的边界清晰，泾渭分明，我们也会发现，过去一百年乃至更长的时间，消费品行业分类一直非常稳定、清晰，不会像其他行业分类处在不断变动之中，硬件和软件、软件和服务傻傻分不清楚，软件即服务（SaaS）、硬件软件化、软件硬件化之间更是一片混战。

还是以苹果为例，乔布斯带领的苹果凭借一己之力整个颠覆了电脑、音乐传播、电子出版、手机等领域，而原本这些领域的公司，之前并没有把苹果当成竞争对手，对它们来说，苹果就像一个外星人横空出世，生产跟它们完全不同的产品，并使用完全不同的商业模式和全新竞争模式，就像不同物种的演变一样，彻底颠覆了其所进入的行业，连被颠覆公司中最大的公司都没来得及开展行动，就被消灭在懵懂之中。不仅手机如此，音乐、出版等行业都被这个全新的、来自行业之外的对手迅速击溃。因此，现代公司之间的竞争，尤其是以科技、商业模式为核心的维度的竞争，是一种动态的、跨界的竞争新模式，我们将会在新商业模式一章中再详细论述。

招商银行的标杆富国银行：战略定位决定长期价值

监管也是保证行业稳定经营环境的不可忽视的力量，从金融、医疗等行业来看，由于其对于宏观经济、个体生命、健康等的重要性，各国政府都建立了严格的监管措施，形成了行业"壁垒"。以金融为例，只有取得牌照的公司才可以经营，对进入行业的公司建立了较高的门槛，使得行业的竞争环境和规则相对稳定，公司可以基于长期来做战略规划，一旦建立起竞争优势，可以长时间保持。

富国银行（Wells Fargo）是招商银行对标的美国公司，招商银行和富国银行在定位上基本一致，即零售银行之王。富国银行于1852年创立，在其经营生命的前一个多世纪中，一直是一家不温不火的银行，其迈向全美的扩张战略从1960年起正式拉开序幕，除去其自身良好的经营以及超高的营业水平外，最大利器便是其先后收购、兼并克罗尔银行（1986年）、第一洲际银行（1996年）、西北银行（1998年）、美联银行（2008年）。其总资产由1997年的885亿美元暴增至2018年年末的1.9万亿美元，商业银行部分总资产规模达1.69万亿美元，从区域小银行发展为美国四大行之一，2013年成为全球银行市值第一的银行，从1984年11月1日的24.37美元到2021年3月22日的1517美元（后复权价格），过去37年间富国银行的股价增长了61.25倍（见图7-4）。

巴菲特于1989年开始买入富国银行的股票，已持股超30年。1989年，富国银行的股价在1.18美元左右，仅在1990~2000年间，富国银行的股价便上涨超900%，给巴菲特创造了丰厚的回报（见表7-1）。巴菲特曾说过："如果我所有的资金只能买入一只股票，那我就全部买入富国银行。"

第7章 滚雪球：消费、服务赛道 85

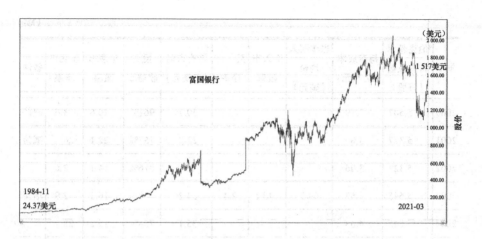

图 7-4 37 年增长 61.25 倍的富国银行

表 7-1 巴菲特历次投资富国银行及其收益

年份	伯克希尔持有股数（万股）	持有成本（亿美元）	当年买入均价（美元）	买入市盈率	买入市净率	持有市值（亿美元）	投资收益率	年底市盈率	年底市净率	备注
1990	500	2.89	57.9	4.3	1.0	2.9	0%	4.3	1.0	增持
1991	500	2.89				2.9	0%		1.1	
1992	636	3.8	67	15.1	1.2	4.9	28%	17.2	1.3	增持
1993	679	4.23	99.3	9.8	1.5	8.8	108%	12.8	2.0	增持
1994	679	4.23				9.9	133%	9.8	22	
1995	679	4.23				14.7	247%	10.6	2.8	
1996	729	4.97				19.7	396%	16.3	1.8	
1997	669	4.12				22.7	551%	19.1	23	减持
1998	6.360	3.92				25.4	648%	25.1	3.1	减持
1999	5.914	349				239	685%	15.4	2.9	减持

(续)

年份	伯克希尔持有股数（万股）	持有成本（亿美元）	当年买入均价（美元）	买入市盈率	买入市净率	持有市值（亿美元）	投资收益率	年底市盈率	年底市净率	备注
2000	5.507	3.19				30.7	961%	20.6	3.6	减持
2001	5.327	3.06				23.2	757%	22.1	26	减持
2002	5.327	3.06				25	816%	14.1	2.6	
2003	5.645	4.63	49.3	13.5	2.4	33.2	718%	16.1	2.9	增持
2004	5.645	4.63				35.1	758%	15.2	28	
2005	9.509	275	592	132	24	59.8	217%	14.0	26	增持
2006	21.817	36.97				77.6	210%	14.4	2.6	
2007	30.439	66.77	35	14.7	2.4	91.6	137%	12.7	2.1	增持
2008	30.439	67.02	254	36.3	1.6	89.7	134%	42.1	18	增持
2009	33.424	73.94	23.2	13.3	1.2	90.2	122%	15.4	1.3	增持
2010	35.894	80.15	25.1	114	1.1	111.2	139%	14.0	1.4	增持
2011	40.002	90.86	26.1	9.2	1.1	110.2	121%			增持
2012	45.617	109.06	324	9.6	1.2	155.9	143%	10.2	1.2	增持

2008年经济危机时，富国银行成功渡过危机一战成名。当年，美国银行股平均跌幅在70%左右，而富国银行却微微上涨了1%。

富国银行的标志是六驾马车，其在愿景中表示 "We'll never put the stagecoach ahead of the horses"（永远不会把马车放到马前面）。"驱使我们每天清晨醒来的动力，是为了帮助客户实现财务成功，并满足他们所有的金融需求。富国银行之所以能维持盈利，是因为我们能专注于服务客户，而不是别的什么原因。对富国银行来说，这个久经考验的愿景高于一切。我们不会本末倒置，也不会把马车放在马的前面。"

纵观美国银行业一百年的监管历史，监管环境跟危机是分不开的。1907年金融泡沫破灭进而形成对银行等美国金融机构的挤兑，J.P.摩根等银行家联合救市，1913年出台《联邦储备法案》，美联储宣告成立。大萧条后美国于1933年推出《格拉斯－斯蒂格尔法案》，美国银行业正式进入分业经营时代，一同问世的还有联邦存款保险制度及限制存款利率上限的Q条例。2008年结构化金融产品违约爆发引发次贷危机，随后《多德－弗兰克法案》出台，加强了对美国银行业的监管及对消费者权益的保护。

利率市场化以及直接融资市场的发展深刻地改变了金融行业。1975年，美国居民的资产配置中，存款占比55%，但到了1997年，该占比只有26%，而股票和债券的占比大幅度上升。"金融脱媒"对银行业影响是巨大的。银行对公业务在经济周期、危机和监管环境变动中不断调试，该业务往往存在明显的周期性特点，尤其是危机来临时，对公业务占比高的银行往往大幅度减记资产，花旗银行这种大型银行的股价在2008年暴跌98%，充分体现了行业周期性波动的特征。

作为美国四大银行之一，富国银行走了一条与其他美国大型商业银行不同的发展路线，富国银行坚持以零售业务和财富管理业务为核心，以社区银行业务为主营业务，虽然经济周期、经济危机以及监管环境出现重大变革，但冲击更多体现在对公业务上，对于以零售为核心的富国银行冲击不大。富国银行能够取得成功当然是管理和公司经营等综合因素的结果,但其六驾马车所定位的公司坡道显然是一个特别重要的部分,富国银行在零售银行这条稳定的坡道发展,取得了长期的高回报,是"战略定位决定了公司长期价值"的典范。

长赛道:满足人的基本需求,行业具备长期的增长能力

赛道就是细分行业。全球消费占全球 GDP 的比重大约为 62%,美国为 68%,中国不足 39%,中国消费市场潜力比任何国家都要大,为公司发展提供了空间;中国出口占 GDP 比重一度达到 36%,但现在已经下降到 17%,中国从外贸拉动到消费驱动的 GDP 增长模式的改变,给中国公司带来了巨大的发展机遇。

芒格对可口可乐的看法

查理·芒格在《穷查理宝典》中讲述过一个关于可口可乐的案例,他抛出了一个问题:1884 年,在亚特兰大,你遇到了一个有钱人,他叫格洛茨。格洛茨愿意投资 200 万美元成立一个新公司,进军非酒精饮料业,并且永远在这个行业经营,格洛茨为这种饮料起一个名字:可口可乐。他的商业策划目标是在 2034 年公司整体价值达到 20 000 亿美元。

你有 15 分钟的时间进行提案,你会对格洛茨说些什么呢?

我们将通过数字的计算来确定我们的目标到底意味着什么。我们可以理性地猜想,到 2034 年的时候,全世界将有约 80 亿饮料消费者。平均起来,这些消费者按实值计算将比 1884 年的消费者富裕得多。每位消费者每天必须摄入大量的水分来补充人体所需，相当于 8 瓶饮料，而其中只要有 2 瓶是可口可乐，那么在漫长的一百多年的时间内，可口可乐就会从一个小作坊成长为全球近 80 亿人提供饮料的第一品牌。

从芒格对可口可乐的分析可以看出，他抓住了可口可乐投资本质的特点，在一个超长赛道布局并追求长期的成功。从我国饮料行业发展可以看出整体行业发展的趋势，根据中商情报网和国家统计局的数据，41 年前的 1980 年，我国软饮料的产量是 28.8 万吨；1985 年就上升到 100 万吨；2005 年超过 3000 万吨；2018 年达到 1.57 亿吨，约为 1980 年的 545 倍；但同时，我国软饮料高增长的时期已经过去，2011 年我国软饮料产量为 1.176 亿吨；2011～2018 年的 7 年时间，中国的软饮料市场的增长率已经下滑到 4.78%，我国软饮料行业已经进入稳定增长的阶段。

满足全球近 80 亿人口的饮料需求，取代白水成为全球的消费主流，全球每个人要喝的 8 瓶水中至少有 2 瓶是可口可乐，这些概念在 1884 年来看或许匪夷所思，但是从今天看，可口可乐每天销量达到 18 亿瓶，平均每天全球每五个人中就有一个买了一瓶，虽然跟芒格对可口可乐的期望还有差距，但是应该说，这个差距并不是很大。可口可乐从一个名不见经传的药剂师发明的饮料，成长为目前全球软饮料行业多年保持市值第一的世界性品牌，130 多年的历程说明，一个能够满足所有人基本需求的产品，全球所有人口的需求都应该是该品牌的市场空间，并且该品牌的价值可以随着通货膨胀同步提升，企业一旦在这个"主赛道"占据领先的位置，就可以把全世界的所有需求都规划在内，并且时间跨度可以是上百年，这个时间的跨度甚至长于投资人的职业生涯，长期价值、复利的魔术在这类资产上精彩演绎，只要给予耐心，投资人可以获得丰厚的回报。

巴菲特的价值投资理念是大消费和服务行业最佳代表，截至2020年第三季度末，伯克希尔–哈撒韦大约70%股票持仓集中在4只股票上：美国运通（持股152亿美元）、苹果（1117亿美元）、美国银行（249亿美元）和可口可乐（197亿美元）。

中国过去的"十年十倍"股也体现了滚雪球型公司的特点，过去20年中曾创下十倍涨幅的股票有120只，其中，30只股票都是消费行业的公司。

湿的雪：分散的行业竞争格局

由于大消费行业的客户需求多元化，因此不同定位的公司都有自身的细分市场，这在奢侈品行业表现得很明显，因为个性化需求导致行业不容易形成垄断优势，行业相对分散，行业集中度低，所以品牌的运营商往往采取多品牌策略，让消费者无论如何选择，都会落在自家的品牌矩阵内。

更为主流的大消费公司充分利用在媒体广告、零售渠道上的重资本投入，从而建立起品牌优势。头部公司可以定位于最大的细分市场，巨额营销费用的有效分摊使得规模化成本下降，品牌建立起"护城河"，获得相对的竞争优势。行业集中度就是我们定义的"湿的雪"，中国大消费、服务行业细分市场繁杂，行业集中度低，为头部企业竞争整合提供了良好的成长空间。

中国的消费行业还存在很大的行业整合的空间，头部公司发展速度高于行业整体发展速度的趋势仍然在继续。白酒是一个特别明显的行业增速放缓至负增长的行业，需求连年下滑。但得益于行业内快速整合，头部公司仍保持增长。跟中国的资本市场白酒市值高歌猛进不同的是，从2016年开始，中国的白酒产量和消费量已经达到高峰，当年的产量为1300多万千升，2017年，产量开始转入下滑通道，2019年，白酒的产量只有785.9万千升，三年累积下滑了40%，这在任何行业内都是一个非常可怕的数字。但是如果我们看头部公司，尤其是高端白酒领域，公司的收入和利润增长都保持在两位数在增长，没有受到行业整体下滑的影响。

高端白酒跟次高端、普通白酒虽然都属于一个行业，但增速的差别是比较明显的，2018年和2019年基本上都表现出"高端、次高端白酒的增速＞大众高端白酒＞大众普通白酒"，白酒消费品牌化趋势仍在延续。

从目前高端白酒的行业格局上看，行业格局已经非常确定，以前各省都有各自的名优产品，都有各自的高端白酒的市场格局已经一去不复返了，高端白酒头部公司的市场占有率已经稳定在80%，行业向头部集中的过程也就成就了头部公司股价十年十倍，逆势增长的神话。

从白酒的整体来看，600 ~ 800元价位次高端白酒行业集中度明显低得多，测算头部公司的市占率只有34%；低端光瓶酒的集中度更低，头部公司只占市场份额的27%。从白酒的行业出现的整体增长率跟行业内公司的增长率的背离，高端白酒也迎合了"少喝酒，喝好酒"的消费升级趋势。

细分行业增速更快，行业集中度更高，造就了高端白酒在资本市场亮眼的表现，从这个角度看，次高端、低端白酒仍然处于整合的前期，在行业整体产量下滑的大背景下，"赛道"跟"湿的雪"两种力量博弈，显然跟头部的高端白酒质地还是有很大差异，不能一以概之。

消费行业的新趋势：重构与解构[一]

中国资本市场在过去十年表现最好的一个行业就是大消费，核心原因在于中国是全球唯一的有14亿人口且不断高速增长的市场，消费是我们经济增长的核心引擎。

消费领域两个趋势并存：一个是大企业越来越强，品牌越来越厉害；另一个是新公司借助新的基础设施，包括大数据、5G、快递等，就可以在短短十年之内挑战原有的霸主。

造成这种趋势的主要原因在于Z世代[二]与传统消费者不一样，他们更加追求个性化。另外，新渠道如直播带货，新物流如平台到家，新技术的应用如大数据、AI，新媒体如抖音、微信、头条、搜索引擎、新营销等，都使得一个品牌能够独霸天下的局面正在被改变。

消费行业本来并不复杂，它不像数字新媒体产业（TMT）难以理

[一] 本节内容源自2020年12月12日，作者在《财经》杂志、财经网、《财经智库》、《证券市场周刊》联合主办的"三亚·财经国际论坛：后疫情时代的应对与抉择"上的发言。

[二] 指1995~2009年间出生的一代人，他们一出生就与网络信息时代无缝对接，受数字信息技术、即时通信设备、智能手机产品等影响比较大。Z世代不仅个性鲜明、视野开阔、理性务实、独立包容，而且其作为一个十分庞大的消费群体，消费潜力不可限量；他们有着与众不同的消费习性、消费择选和消费方式，并且形成自己独特的消费品位、消费模态和消费特质。

解，但是在2020年年末的时间点来看，这个行业让人越来越看不懂。

消费品如酒、药、食品都是在我们身边的，但是最近上市的几家公司有几个趋势值得大家关注，比如在2020年年末在香港上市的盲盒行业公司泡泡玛特，它不是很好理解的一个行业，它的商业模式跟现有的完全不一样，这是一个新的现象，代表了一个新时代。这家公司成立的时间并不长，就已经在香港上市了，现在市值差不多1000亿港元，在消费行业市值如果上千亿港元，是个了不起的成就。

A股化妆品行业最大的公司目前为止市值也只有300亿元，而一家创业了五六年的盲盒公司，市值能上1000亿港元，非常令人惊讶，这个得益于新的消费人群（"00后"）的产生，与新的消费趋势的出现，因此一些相关公司也值得大家关注。例如大家如果关注美妆行业，也会关注最近港股上市一家彩妆公司，它的市值也是1000亿港元左右，它与泡泡玛特有相同的特点，于2016年创业，到现在只有四五年时间。但跟盲盒不一样的是，它不是一个新的商业业态，彩妆化妆品的公司数量是非常大的。然而，如果大家有到国内各大城市去看，中国的化妆品品牌是很少的，这个行业在过去20年之内，基本被外资所垄断的，就连小护士、大宝这几个有限的国有品牌也大部分被外资收购了。现在A股上最大的化妆品行业只有300亿元，但是这家公司目前为止创业了四年时间，市值就已经达到了1000亿港元，所以这也是非常值得大家去关注的一个情况。

为什么这些企业能够在这么短的时间之内，在全球消费行业都是巨头垄断的情况下能够成长起来？

最近十年，整个消费行业是资本市场中表现最好的，该行业的一个趋势是品牌越来越集中，像高端酒类的公司市场占有率向头部集中的情况非常明显。

一方面，行业头部集聚正在加剧；另一方面，一些新兴的品牌在短期内崛起，新的公司能够挑战行业龙头公司，这两个矛盾的趋势同时存在。

另一个值得关注的行业趋势是"下沉"，这里有成功的案例，也有失败的案例，这也是两个矛盾的趋势同时存在的证明。达芙妮、富贵鸟等很多服装品牌，以及像李宁这种运动品牌下沉到三四线城市，在"下沉"过程中失败了；也有成功的，比如拼多多短时间内在三四线城市就取得了成功。这是我分享的现象以及我对这个事情的一点解读。

消费是未来经济增长的核心引擎，我们经常讲"三驾马车"，以前"三驾马车"中外贸是主要的引擎，20世纪七八十年代外贸最赚钱，接下来就是房地产投资，最近消费成了增长的核心引擎。

当前的消费还有另外一个特点，就是建立在新基础设施上的新消费，我们讲的消费基础设施有很大的切换，如果说一个最主要的变化，那就是新基建，即新基础设施的建设，尤其互联网电商、支付技术，还有物流这几个行业的发展，是中国消费市场目前矛盾现象的源头。

图7-5展示了中美两国消费品零售总额对比，深色线是中国的消费零售总额，大家会看到，2020年零售总额会超过美国，成为全球最大的零售消费市场，这是中国未来发展的一个核心动力，这也是为

什么在过去十几年消费行业表现这么好的一个主要原因。

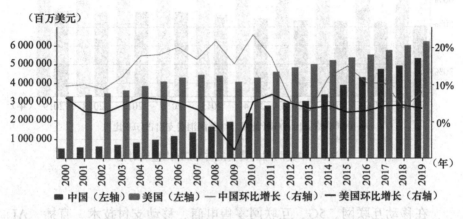

图 7-5 中美两国社会消费品零售总额对比

2019 年之前美国消费支出占 GDP 比重一直是超过 70% 的，中国其实是从 50% 迅速地增加（见图 7-6），现在正在快速赶超，这是全球经济增长一个大趋势。中国的经济增长其实是一个教科书式的变化，因为经济增长，尤其是后进的国家追赶发达国家，应该就是从外贸引擎到投资这个引擎，再切换到消费。可以看到，中国已经进入了消费拉动经济的一个阶段。

谈到消费的新趋势，主要还是电商，阿里、拼多多、京东这些电商实际上构成了中国消费的基础设施，而美国的消费基础设施还是传统型的，跟中国相比还是落后的，中国新基础设施的发展深刻改变了行业的发展规律，所以由于这几个电商巨头的崛起，中国的消费呈现了一个新的趋势（见图 7-7）。

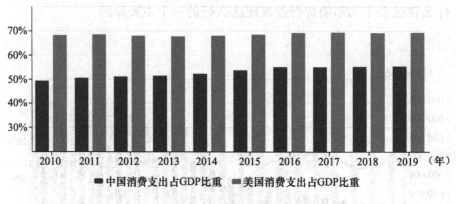

图 7-6　中美两国消费支出占 GDP 比重的对比

在移动互联网、5G、互联网零售电商、移动支付技术、直播、AI 等这些新的技术领域的发展，中国远远要领先于全球其他国家。

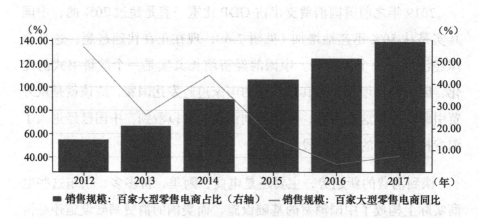

图 7-7　中国电商销售趋势

像泡泡玛特这样的公司，还有基于网上销售的彩妆这样的公司，都建立在新的基础设施上，其中起到重大作用的，第一是互联网电商发展，第二是电子支付的发展（见图7-8）。

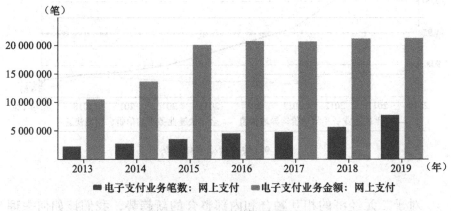

图7-8 电子支付的发展

第三是新基础设施的一部分，就是物流行业的大发展，尤其是快递。现在说的物流和快递，在20年前我还在做交通运输行业分析师时，研究重心更多的是"铁公机"，也就是铁路、公路和航空，但是交通运输最大的几家公司都是快递公司，快递和物流的发展，这是近10年中国另外一个比其他的国家领先的部分。互联网电商、渗透率很高的移动支付技术、物流快递的发展构成了我国消费行业的新基础设施。

整个物流成本，大家看到快递业务平均单价是快速下降的，每一年都大幅度下降，从十几元，现在降到六七元的水平（见图7-9）。

新基础设施给消费行业带来一些特别深刻的变化，深刻变化之一就是消费行业公司"下沉"趋势。因为中国有了新的基础设施，于是带来了城乡二元经济的大变局，打破了城乡割裂的市场的局面。

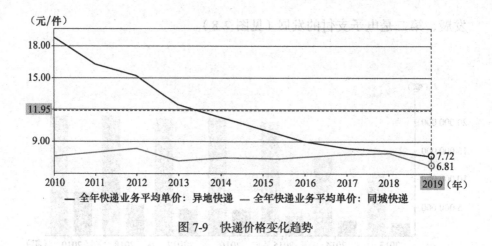

图 7-9　快递价格变化趋势

对于二元经济的相互融合和内部整合的新趋势，我们该如何去理解呢？以前我们经常会说中国有 14 亿人口，有很大的市场，但很多市场却是无效的。乡村市场虽然有人口，但是没有购买力。随着经济发展，人均 GDP 在增长，中国已经形成了多梯度的有效市场，因为沿海的发达城市和内陆完全不一样，随着智能手机的普及（见图 7-10），从电商到移动支付再到快速仓储，整个基础设施都在下沉，差不多有 10 亿人口都属于以前不被关注的市场，但是随着这些新基础设施的发展，这些城市有了购买力，使我们消费市场呈现出来鲜明的二级或者多级消费市场的特点。

中国现在移动互联网渗透率达到了 85%，使得我们中国有效市场正在不断扩大，所以在未来十年，整个中国消费市场的增长速度以及品牌的增长速度应该快于 GDP 的增长速度，主要原因是我前文所讲的收入的增加，以及新基建的发展使原来非有效市场变成了有效市场。

图 7-10　中国移动互联网渗透率

从"十四五"规划可以看到，中国未来将会形成以大湾区、长三角、京津冀为核心的第一梯队，以长江经济带、川渝经济带为第二梯队，与日本类似的格局，东京、大阪经济带以外的地方跟这两个城市既融为一体，又不尽相同。

图 7-11 显示出中国未来人口和 GDP 都集中在大城市，2020 年中国人均 GDP 超过了一万美元，全世界发达国家高收入门槛差不多是人均 GDP 两万美元，但是大家从图 7-11 可以看到，中国现在的市场呈现出多梯度的特点。

目前，上海、北京、深圳是第一个梯队，它们的人均 GDP 在 35 000 ~ 38 000 美元，而美国一线城市的数字是 60 000 美元，所以中美一线城市还是有差距，但是属于一个区间之内。而重庆、苏州、成都、天津这个梯队的城市是 10 000 ~ 30 000 美元，这是个完全不一样的区间。中国比较大，经济发展不是很平衡，造成了咱们这个区间的市场特别多,图7-11也能够说明国内现在为什么品牌的情况非常复杂,为什么一些品牌可以实现逆袭,主要的原因就是原来不是非常有效的市场现在变成了有效市场。现在很多品牌是成功从二三线发展起来的,然后逆袭到一线,目前在北京、上海这样的一线城市你还看不到这个品牌的消费品,这是特别值得关注的一个新的趋势。

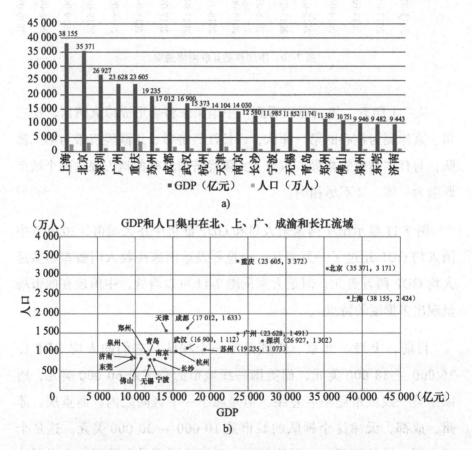

图 7-11　中国 GDP 和人口集中度

从中国高铁规划的角度看，中国未来城市之间有效市场变得越来越融合，很多地方西北城市的品牌跟一线城市应该有相同的趋势。而从机场建设的角度来看，2025年民用机场的规划，主要还是将无效转化为有效，有一些地方在没有高铁、没有机场情况下，是谈不上有效市场的，但是现在来看中国这几年应该在发展，大家会看到高铁机场开通了以后，很多地方都变成了有效市场，给很多品牌创造了非常好的机会。

新基建带来的变化如图7-12所示。

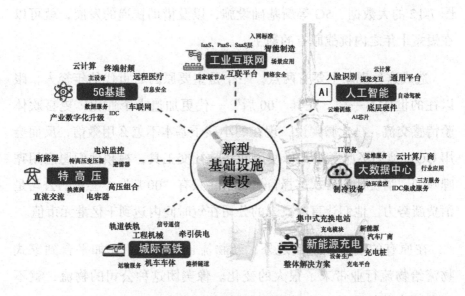

图7-12 新基建带来的变化

总的来看，消费的一个趋势是，消费行业在向大品牌集中，像酒、酱油很多行业都呈现出集中特点，行业发展速度并不快，酱油包括调味品行业整个一年增长率并不高，但是头部企业现在价值增长很快，原因是一个向头部集中的过程，大家更愿意消费品牌产品，这是在全世界都有的特点。另外一个趋势是，成立了不到五年的新公司，例如咖啡行业的三顿半、燕窝行业的小仙炖，以及在中国的出货量和销售量已经超过了可口可乐的元气森林，都在飞速增长。

其实美国也有这两个趋势，美国有一家做剃须刀的公司，它在美国增长的速度远远高于吉列，大家看到这两个趋势同时存在，大的越来越强，品牌越来越厉害，而同时新公司借助这种互联网，借助如图7-12的大数据、5G等新基础设施，以及借助快递的发展，就可以在短短十年之内挑战原有的霸主。

造成这种现象主要有两点，一个是主要原因Z世代的年轻人，跟以往的世代不一样。尤其"00后"一代更加追求个性化，更喜欢体验情感交流。马化腾曾说，现在的小孩子基本不怎么用微信，反而会用QQ，他们不愿意跟父母使用同一款社交工具，视频他们愿意用哔哩哔哩，消费他们喜欢选择盲盒，这些只有"00后"才喜欢的公司是消费新势力，他们让盲盒概念的公司在短时间内达到千亿港元市值。

在原有的端到端物流之外，新物流也在涌现，比如平台到家式物流给物流行业带来了很大的变化。像美团这种公司的物流，就不再是原来传统地从一个城市到另外一个城市，更多是到家服务。此外随着新技术的应用，大数据、AI技术的进步，一个平台服务不同的客户，甚至一个品牌服务不同的客户成为可能。以抖音、微信、头条、搜索引擎为代表的新媒体，加上数字营销的方式，带来行业一个解构。原本像雀巢公司一家独占的速溶咖啡市场，就会因新消费出现使得行业被解构，由于个性化需求，强调体验的需求，使得一个品牌能够独霸天下的局面正在被改变。3D打印等技术带来了供给端变革，比如特斯拉这家公司，仅仅成立了十年就能快速崛起，主要还是基于供给端的变化，就是现在的机器人平台。随着机器人的大量使用，原来企业积累的供应链管理等能力在新的供给端面前变得竞争优势不再那么明显，原来形成的垄断优势要面对3D打印、柔性生产线、机器人大量使用等新的冲击。当下企业从零到一的过程很快，所以也让我们为个性化需求提供了低成本的解决方案，这也是我们这个时代带来的新变化。过去渠道就是渠道，媒体就是媒体，只要企业能够在电视上做广告，就能够抢占这个渠道，比如沃尔玛这样的公司能够强占渠道，建立起品牌优势，并且规模越来越大，但现在大家可以看到，媒体已经颠覆了原来电视媒体，变成个性化的新媒体，你看的新闻头条跟我看的新闻头条是不一样的，一个品牌被解构的可能性变得越来越高了。

最后就是重构（见图7-13），传统的认知渠道通过电视或杂志单向营销，产品是自研发起自上而下发生的，购物的主要方式是水泥+鼠标，有限的接触以及客户服务呼叫中心的标准话术，都是消费企业的典型特点。但是现在新的趋势是社交化、数字化和互动化，意见领袖和意见消费者借助主流社交平台，发表自己的见解。在产品方面，更多的是用数据支持产品研发，购物方式是多点、全渠道的，线上、线下无缝连接，线上和线下在当前来看并不是矛盾的，实际上在新趋势下是整合的，客户服务更多通过客户服务体系以及线上、线下的互动来激发顾客，这是我们作为投资人特别关注到的新现象。

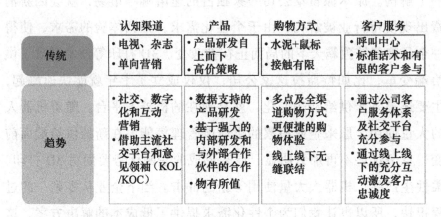

图 7-13 认知渠道、产品、购物方式以及客户服务的重构

第 7 章 滚雪球：消费、服务赛道

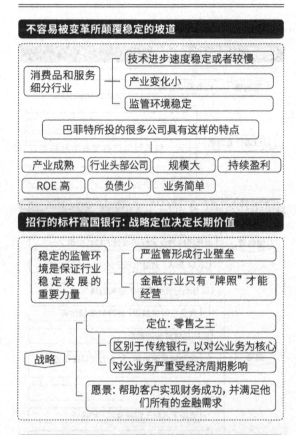

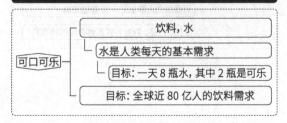

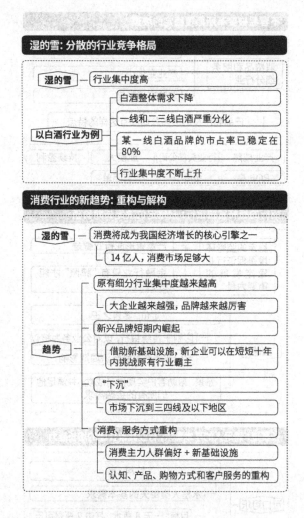

第 8 章

泥石流：新商业模式公司

客户即价值：跨界新物种的八爪鱼增长模式

网络科技特别是移动互联网的发展，让企业获得用户（流量）的效率呈现几何级的增长，原因在于，一方面，用户带用户的模式使得存量用户越来越多，用户增长越来越快，这些是传统的企业根本无法实现的；另一方面，企业可以不受地域时空的限制，以远低于传统门店、广告等方式的成本获得用户，大大降低了获得用户的成本。同时，提供服务的能力也得到极大的提升，几亿用户同时在线，受益于平台内用户的互动，企业的边际运营成本大幅度下降，比如微信上同时在线人数越多，用户间的互动越频繁，客户的体验就越好，满意度就越高，客户创造的价值也越高；再比如抖音、网络游戏这类平台型公司，同时在线的用户越多，用户的互动会显著地提升消费体验，提升客户满意度和黏性。然而，对于传统的非互联网公司，例如餐馆、医院等机构来说，如果需求超出其服务能力，哪怕多一个人，客户满意度等边际成本都会出现大幅度的攀升，甚至服务干脆无法实现。

基于移动互联网技术的平台型公司由于具有以上的三个优势，即获客效率极大提升、获客成本大幅度下降和消费体验提升，以客户流量为核心运营的公司创造价值的能力得到了极大的提高，加之同时服务多客户的能力使其运营成本不受传统公司的边际容量的制约，新商业模式公司被赋予了强大的跨界经营的能力。

新商业模式公司可以颠覆传统的行业和公司，在图书零售、娱乐、金融服务等众多领域实现相对现有头部公司的竞争优势，更加值得注意的是，由于新商业模式公司的竞争优势源于客户获取成本和客户边际成本的优势，因此，只要是现有客户的相关需求，满足相同或者类似需求从而进一步降低单一客户的获客成本，都成了现有新商业模式公司可以跨界的领域。新商业模式公司像八爪鱼一样，不断突破自身的行业属性，进入客户需求的相关领域，从而颠覆现有的行业格局。

当然，除去获客成本以及边际效率的因素，行业内现有公司的运营效率也是决定新商业模式公司能否成功"入侵"该领域的重要因素，如果原本行业内公司运营效率非常高，行业集中度高，新商业模式公司在客户方面的成本不能弥补产品或者服务方面的成本劣势，新商业模式的公司也不会"入侵"成功，换句话说，新商业模式公司虽然可以像八爪鱼一样扩张，但是这种扩张还是有边界的。

以客户为核心的价值创造在移动互联网新商业模式公司不仅仅指的是一站式满足客户相关多样需求，从而实现客户需求体验的最大化,更为重要的是,满足一个客户的多种需求可以进一步降低客户的获取成本和边际服务成本,增强公司的成本竞争优势。在资本市场上,投资人也非常清楚地给予了基于客户的估值逻辑,对新商业模式公司的收入和利润反而不敏感,用户数、月活、单客户价值等指标成为衡量新商业模式公司价值的新指标。

图8-1是全球互联网流量变化图,浅色的线代表流量,从最早的1995年到2018年,互联网的流量增加了100万倍;图中深色的线,表现的是23年来全球互联网公司的市场价值(市值)。我们可以看到两条线高度重合,这意味着互联网的流量和互联网公司的市值,成正比地同步暴增。这足以证明,过去这二三十年来,互联网是最大的投资趋势和发展方向,客户就是新商业模式公司的核心价值。

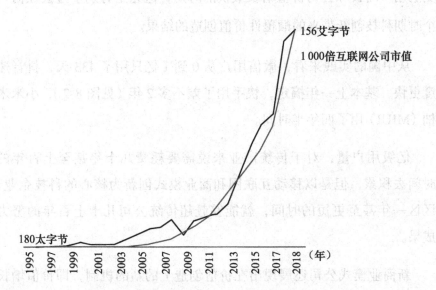

图8-1 全球互联网流量与互联网公司市值的变化图

资料来源:软银。

基于移动互联网的技术创新和以平台商业模式为主的商业模式创新，导致了最近20年产业发展的三个新的现象。第一，产品从诞生到用户达十亿的速度比以往任何时候都要快。第二，价值创造的速度更快，公司价值成长的过程很难区分零到一和一到一亿的过程，因为从零到一的成功就已经意味着公司价值的大幅度提升、商业模式的确立以及价值成长曲线基本确定。苹果从创业到上市三年，估值就直接从1000万美元到10亿美元，然后就开启了从十亿到两万亿美元的征途，亚马逊上市也是如此。第三，产业更替的速度更快，新商业模式公司八爪鱼一样扩张，迅速进入和改变众多的产业，几乎绝大部分产业都面临着重构的威胁。

新商业模式公司价值跟用户增长的趋势是一致的，这也创造了历史上用户增长和公司价值增长最快的时期，这完全有别于过去任何一个时期科技创新带来的颠覆性价值创造的结果。

从中国的实践来看，微信用户从0到1亿只用了433天，抖音速度更快，基本上一年搞定，快手用了差不多2年（见图8-2），小米米柚（MIUI）用了四年半时间。

亿级用户量，对于传统产业来说需要耗费几十年甚至上百年的时间去积累，但是以移动互联网和商业模式创新为核心的科技企业，区区一年甚至更短的时间，就能够赶超传统公司几十上百年的努力成果。

新商业模式公司还展现出在价值创造上的新的机制，即价值增长除了来自自身行业的增长外，还源于其在相关行业内的扩张，这种新型的多元化并没有体现出传统多元化公司在管理效率方面的衰减，反而进一步提升了客户价值，如果资本市场的投资人也认同其多元化的逻辑，公司价值则会得到进一步提升。

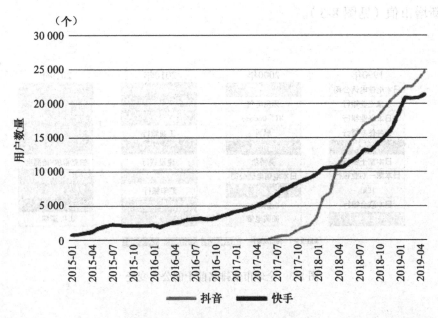

图 8-2 抖音与快手的用户增长情况

19世纪初，英国人瓦特改良蒸汽机之后，蒸汽机、煤、铁和钢是促成工业革命技术加速发展的四个主要因素，由此衍生出复杂的工业门类和体系。根据工信部的数据，我国拥有41个工业大类、207个中类、666个小类，成为全世界唯一拥有联合国产业分类中所列全部工业门类的国家。由此可见，工业革命中蒸汽机、电力等科学技术基础科学的创新的外溢效果显著，一项科技创新可以被众多产业分享技术成果，创造出多个产业门类，提高了多个产业的生产效率，解决了大量的人员就业，给投资人创造了价值。

这一轮基于互联网科技创新的成果在世界范围内所有产业范畴的分配高度不均，硅谷的科技巨头基本占据了美国本轮信息革命大部分的成果，几家巨无霸公司的崛起创造了目前美国资本市场绝大部分的新增市值（见图8-3）。

图8-3　全球市值排名前十的公司变迁

回溯过去十年，美股出现了许多十年十倍的股票，这些公司都有创新商业模式驱动的特点，如亚马逊、Netflix、苹果、微软、Paypal、谷歌等公司（见图8-4）。清华大学朱武祥教授及北京大学魏玮教授认为，商业模式是利益相关者形成的交易结构，而企业如何与利益相关者形成交易结构是商业模式的核心。

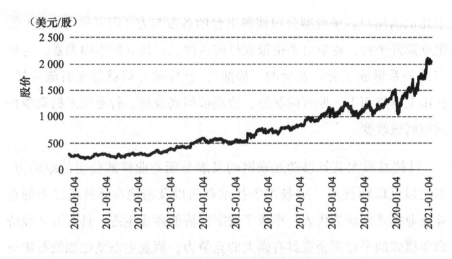

图 8-4　谷歌的股价变迁

注：谷歌股价从 2011 年 3 月 9 日 295 美元，到 2021 年 3 月 9 日收盘价 2040 美元，十年涨幅达到 5.9 倍，其间最高价为 2145 美元，相当于股价翻了 7.27 倍。

新商业模式不是雪球，是泥石流

新商业模式公司的创始人通常是看见了技术创新带来的新机会，通过整合利益相关者之间的经济安排，找到了新的符合每一方利益的合约形式。由于每个利益相关方从合约中获得了比以往更高的回报，这种合约形式比以往更加稳固并且越来越流行，从而形成新商业模式公司，以移动互联网为基础的平台型公司成为这类公司的主流，但新商业模式公司的形态是多种多样的，不仅限于互联网公司。

平台型公司构建了基于移动互联网的新商业模式，利益相关方牢固的商业关系使得这种交易结构本身就创造了竞争优势。平台型公司的竞争优势并不主要源于技术，而源于平台几千万的商户或者几亿、十几亿的用户。平台型公司使得平台的各参与方（商家和消费者）都很难离开平台，竞争对手也很难打破这种已经建立的牢固关系。这种牢固关系形成了公司发展的"势能"，这样的公司就像泥石流一样，从山上奔腾而下，原有的赛道、地貌被彻底改变，行业原来的竞争格局彻底被改变。

科技发展尤其是移动互联网的发展是新商业模式公司的原动力，本轮以互联网技术、AI技术等技术创新以及构建在新技术之上的企业商业模式创新为代表，形成了数字经济的商业生态，具有数字经济商业模式的平台型企业具有强大的竞争力，商业生态变化如泥石流一样，一旦形成，势不可挡。

刚开始，这个过程是简单的技术创新和应用带来的行业工具型创新，门户网站、邮件、网上支付等新的工具型公司的出现替代了原有的旧模式，随着价值转移，形成了工具型公司的创新"暴雨"。

随着传统行业的数字化进程深入演进，大量企业与电商平台、社交平台、手机应用平台形成了新的合约模式，随着应用型公司的不断加入，"暴雨"变成了"泥水"，平台型公司以及在其平台上运营的应用型公司构成了新的商业生态，替代了原有的商业生态。

新技术实现了新的应用场景和市场参与者新的组合，颠覆了原有企业的"护城河"，比如电商生态很大程度上取代了商场、百货、杂货店、集贸市场、超市等原有的商业生态，社交平台取代了单一通信、书信、电子邮件、游戏等；新的商业生态有自我加强的内在动力，规模越大，生态下的企业受益越明显，政策、行业监管等外部因素向有利于新商业生态的方向转变，"泥石流"最终形成。

数字经济时代，企业之间个体的竞争变成了构建在商业模式之上的商业生态的竞争，居于商业生态中心的企业具有新的竞争优势，即商业模式优势，这种数字经济时代的商业模式企业优势体现在：

- 自我加强，决定这些企业竞争优势的是平台企业与应用型企业通过大数据形成的海量合约关系，即使它们一开始弱小，但基于商业模式优势，其自我加强的新的商业生态形成，价值流向新的商业生态。
- 平台为王，强者愈强。商业生态扩张使得生态内企业获益，而平台型公司获取了数字商业生态下的大部分价值，企业的规模经济、范围经济优势明显。
- 数字经济的核心"数字"通用性使得行业边界被重构，零售、金融、娱乐等可以被同一生态体系所颠覆，进一步提升了数字经济新商业模式企业的价值。

创新商业模式类企业的核心不在于技术，而在于应用，它是技术创新基础上的商业实践，美国近20年的经验证明，单纯的技术创新或硬科技固然是公司创造价值的原动力，毕竟研发创造价值，但是，基于新技术的应用环节的商业模式创新有很大可能创造出更加惊人的价值，因此，以新商业模式公司为代表的软科技类公司更应该被投资人关注。

亚马逊：2367倍涨幅，商业模式制胜

亚马逊（股票代码为AMZN.US）成立之初只是一家在线图书销售商，但现在，它已成为运营多种业务的商业巨头，市值近1.6万亿美

元。1997年5月15日，亚马逊在纳斯达克以每股18美元的价格进行了首次公开募股（IPO）。若当天买入1万美元的亚马逊股票，该笔投资在2020年峰值时价值2368万美元，相当于增长了2367倍。换句话说，亚马逊上市23年的复合年回报率相当于每年40.19%，而同期标普500指数的年化增长率仅为6.54%。

亚马逊股价20世纪90年代中后期开始上涨，1997～1999年上涨了大约100倍，然后在2001年互联网泡沫破灭后大幅下跌至6美元。1999年年底，亚马逊的股价创下了100美元左右的高点。2000年6月22日，29岁的雷曼兄弟债券分析师拉维·苏里亚给客户发出了一份研究报告，提醒客户小心亚马逊已经发行的可转换债券。在这份27页的报告中，拉维·苏里亚说亚马逊"资产负债表脆弱，营运资本管理糟糕，运营现金流大幅为负值"，他认为这家公司的债务"极其脆弱，且正在恶化"，强烈建议投资者避免投资其可转债。拉维·苏里亚干脆给亚马逊开出了"病危通知书"。他说，"这家公司将在一年内烧光所有现金，因为其运营表现很糟糕，这反映出亚马逊的商业模式从根本上就行不通"。

到了2001年3月，亚马逊的股价只有10美元/股左右，之后几次跌破10美元/股价位。亚马逊的股价已经较之前的高点跌去了90%，亚马逊经历新商业模式公司"至暗时刻"（见图8-5）。

但有"互联网女皇"之称的摩根士丹利添惠公司的互联网分析师玛丽·米克尔（Mary Meeker）力挺亚马逊。米克尔认为，当年末的购物季对亚马逊来说将是"要么成功，要么毁灭"的关键时刻。

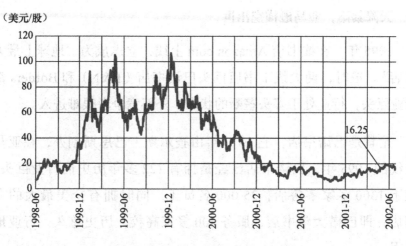

图 8-5 亚马逊 2000 年左右的股价

虽然 2000 年购物季亚马逊的表现并没有达到投资者的预期,但在 2001 年的后两个季度,这家公司竟然实现了经营利润为正,并且手握 10 亿美元的现金,2002 年第一财报季度实现盈利 500 万美元,亚马逊这才走出破产阴影,从此走上阳关大道,成为多个产业的"泥石流",成功颠覆了多个行业,创造了万亿美元的价值(亚马逊股价的历史走势见图 8-6)。

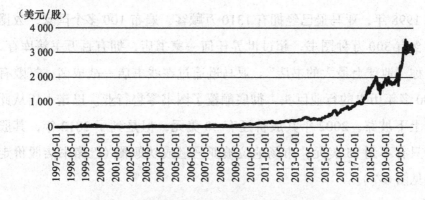

图 8-6 亚马逊股价的历史走势(1997 ~ 2021 年)

天降暴雨，亚马逊横空出世

1995 年，在线书店 Amazon.com 上线，立志成为"地球上最大的书店"。彼时，两大线下书店巨头巴诺书店（B&N）和 Borders 都是行业巨头，行业处于寡头垄断的状态，外部竞争者很难进入。

尤其是巴诺书店，它 1873 年由查尔斯·巴恩斯创办，在亚马逊上线的 1995 年，巴诺书店已经是拥有 122 多年历史的行业巨头了，旗下 1300 多家零售店，35 000 名员工，同时拥有全美最大的大学书店，即巴诺大学书店，服务 400 多家高校，历史悠久，行业地位稳固。

但贝索斯相信未来属于在线书店，他在 1997 年的年报中说："我们站在风口，大规模的商家整理资源以待线上售卖的机会，同时从未在线上购物的顾客们正准备尝试这一新鲜事物。竞争格局正在快速演变。"

亚马逊是行业的先行者，图书价格低廉，邮寄迅捷，知名度高，公司围绕图书品类做了一系列的收购，使得其图书业务爆发式增长。1996 年年末，亚马逊网站上有超过 250 万种不同书籍。而到了在 1998 年，亚马逊已经拥有 1310 万顾客，遍布 100 多个国家，数据库含有 300 万种图书，超过世界任何一家书店，拥有百万书籍库存，自称"地球上最大的书店"。亚马逊通过在线书店一战成名，打败有 100 多年历史的行业巨头，彻底颠覆了图书零售行业。巴诺书店从此走上下坡路，2002 年其股价还有 30 美元，但是到了 2012 年，其股价只有不到 15 美元，市场地位被亚马逊成功颠覆（巴诺书店股价走势见图 8-7）。

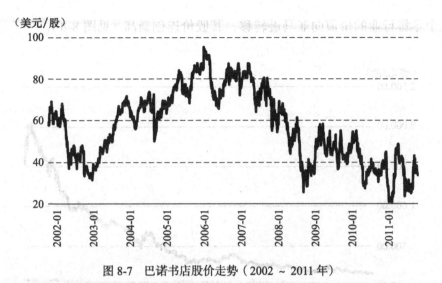

图8-7 巴诺书店股价走势（2002～2011年）

资料来源：彭博社。

山洪形成，亚马逊成为最大的综合网络零售商

1998年起，亚马逊逐步将业务拓展至音乐、视频、母婴、美妆、家居产品等，2000年11月，亚马逊推出了Marketplace服务，将自己从一个网上书店变成了一个全平台电商，经过十余年的发展成为全球最大的综合网络零销商平台。2020年，美国零售总额中在线销售占比为14.5%，亚马逊占据了最大份额，接近40%；剩下的85.5%的零售业务主要集中于商业街或大型购物中心，亚马逊的增长空间还相当广阔。

对比亚马逊跟沃尔玛的股价就可以看到，从2010年开始，亚马逊跟沃尔玛的股价都走上了完全不同的方向，沃尔玛不断将零售行业的"王者"地位不断让位给亚马逊，类似巴诺书店一样，面对亚马逊这个强劲的对手，沃尔玛股价一直在低位徘徊，而亚马逊则高歌猛进，整个零售行业的价值向亚马逊转移,其股价连创新高(见图8-8)。

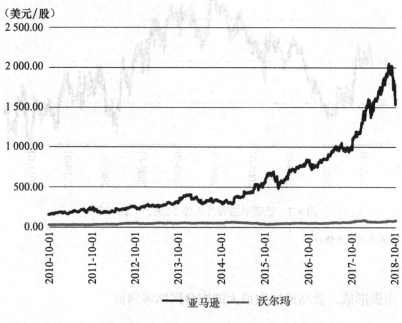

图 8-8 亚马逊与沃尔玛股价的对比

客户即价值,"飞轮"理论构建核心优势

2001年,亚马逊提出以客户为中心提供更好体验。2002~2009年,亚马逊大量资本性支出投入仓储物流基础设施,包括送货车辆、飞机和集装箱船。这一阶段,它经营着175个以上的业务履行中心和超过1.5亿平方英尺⊖的仓库空间。这是一个非常庞大的集团,以物流体验作为其核心竞争力。在此阶段,公司资本性支出占收入比重2%左右,巨额的投入就是为了使客户的体验达到公司预期的水平。

⊖ 1平方英尺=0.093平方米。

2005年2月，亚马逊推出了Prime会员服务。当时的Prime会员能享受的仅仅是2日达的免费快递，但是随着之后亚马逊的版图不断扩大，现在Prime会员还能提前参加闪购，免费观看大量电影、免费下载电子书等大量会员增值服务。到2017年年底，Prime会员数已突破1亿人。

Marketplace、自建物流体系（FBA，Fulfillment by Amazon）以及Prime会员这些服务都需要投入重金，而且初期没有效果，只有成本。因此形成了独特的"亚马逊现象"，即公司收入规模增长很快，客户满意度很高，但公司盈利能力很差，甚至多年不盈利，更别提分红了。收入以及公司融资持续不断地投入到跟客户体验相关的基础设施中，核心就是为了提升客户的体验。

跟公司收入和股价持续增长不同的是，亚马逊在2017年以前的20年内，就没有什么真正的盈利，个别的季度还是亏损的，2014年第三季度亏损的额度还不小，这就是独特的"亚马逊现象"（见图8-9）。

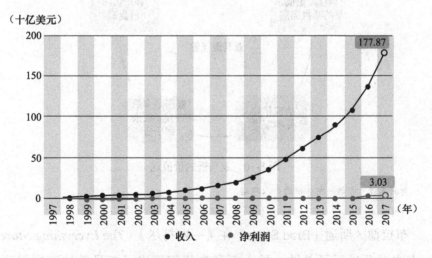

图8-9 亚马逊的收入和利润增长（1997～2017年）

资料来源：亚马逊。

但公司股价并没有受到亏损的拖累，资本市场高度认可贝索斯的判断，即客户就是价值，客户能够创造现金流，而现金流可以创造价值。客户体验或者说客户满意度就是亚马逊的竞争优势，该优势基于移动互联网技术和新的商业模式，可以成为公司跨界增长的原力，也是公司价值最重要的来源。

贝索斯在股东信中说："我们为什么不像大多数人那样，首先关注每股盈利的增长？答案很简单，盈利并不能直接转化为现金流，股票价值是未来现金流的价值，而不仅仅是未来盈利的现值。"亚马逊的价值观如图8-10所示。

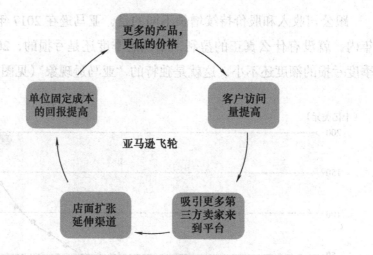

图8-10　亚马逊的价值观

资料来源：吉姆·柯林斯的个人网站。

布拉德·斯通（Brad Stone）在《一网打尽》（*The Everything Store*）一书中对此进行了总结，贝索斯和高管们画出了亚马逊的正向循环，即低价带来更多消费者，更多消费者则提升了销售额并吸引了更多第三方卖家来到平台。这一切让亚马逊从自己的固定成本中（包括履约中心、服务器等）获得更多回报。更高的效率又进一步降低了价格，然后这个"飞轮"就转了起来。

"泥石流"形成，亚马逊云服务崛起

亚马逊于 2006 年正式推出 AWS，是最早提供云计算服务的企业之一。最初 AWS 只是用于亚马逊自身的网上购物平台的存储、计算资源，把系统的闲置资源打包出售给企业。随着亚马逊对 AWS 不断投入，资本支出占比大幅提升，截至 2021 年，AWS 在云服务领域市场份额已经成为第一，占据了 31% 的市场份额，并且拉开了跟竞争对手之间的差距。AWS 业务已经成为公司的一大核心业务，创造了约 12% 的集团总收入，约占营业利润的 63%。

虽然从逻辑上看，AWS 跟提升客户体验的努力是一致的，是"飞轮"理论的一环，但我们认为，贝索斯把该项业务作为公司重要的收入，持续不断地增加在该项目的投资来争取在该业务上的竞争地位，不惜与微软、谷歌等传统的软硬件巨头正面竞争（亚马逊虽然在技术、人才方面存在劣势，但是，其庞大的客户和海量的应用场景，可以成为该服务第一客户，从而极大地降低其成本，利用客户资源的优势进入其他 IT 巨头重兵把守的阵地并攻城略地），已经不再是提升客户服务体验这一层面的考虑，更多的是通过客户需求或者客户带来的相关优势"入侵"其他领域的市场，像泥石流一样，覆盖原有的竞争对手，实现对新的领域价值的实现。

图 8-11 展示了华尔街的分析师对亚马逊未来 20 年公司主要业务

及其收入增长预期和毛利率预测，从图中可以看出，经过了26年的发展，亚马逊的业务已经从一家网上书店的单一业务公司，发展成为包含网上零售、实体店、AWS和广告等复杂的综合性公司，正如从一场暴雨到倾泻而下的泥石流，亚马逊的未来还有更多精彩的故事。

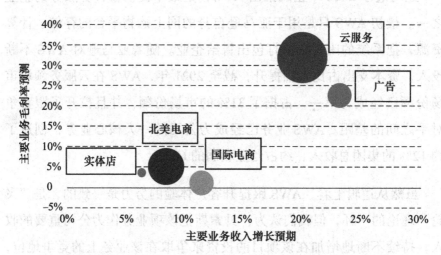

图8-11 亚马逊未来20年主要业务收入增长预期和毛利率预测

资料来源：Rock and Turner。

1997年贝佐斯致股东的一封信中提到了"一切都是关于长期"（It's all about the long term）和"醉心于消费者"（obsess over customers），同时还提到了一个词，"基础设施"（infrastructure），原文如下，可以有助于深刻理解亚马逊和贝索斯的初心。

致全体股东：

今年（1997年）对亚马逊而言，是具有里程碑意义的一年：我们为超过150万消费者提供服务；收入达1.49亿美元，同比增长838%；抵御了外部竞争，进一步稳固了市场领导者的地位。

然而，这只是一个开端。今天，电子商务为顾客省下了宝贵的时间和金钱；明天，通过个性化的服务，电子商务会加速探索的过程。亚马逊通过互联网为顾客创造真正的价值，并且希望在已经建立的完善的市场中创造出一个经久不衰的品牌。

我们站在风口，大规模的商家整理资源以待线上售卖的机会，同时从未在线上购物的顾客们正准备尝试这一新鲜事物。竞争格局正在快速演变。我们的目标是在现有领域快速巩固扩张，同时在新的领域开始探求电子商务的机会。在目标市场我们看到了大量的机会，但风险也摆在我们面前：我们将斥巨资来挑战现有的龙头企业。

放眼未来

长远来看我们为股东创造的价值就是衡量我们成功与否的标志。我们能否巩固和拓展现在我们作为市场领导者的地位直接影响我们的价值。市场领导者就意味着更高的收入、更强的盈利能力、更快的资本周转和相对优异的资本回报率。

我们的决策也基于这一衡量标准。我们专注于提升能够体现市场领导者地位的各项指标：客户和收入的增长、客户持续定期购买的程度和品牌的知名度。

我们想将我们最根本的决策和管理依据分享给你们，所有股东可以确认它们是否与你们的投资观一致。

- 不懈地专注于客户。
- 专注于成为长期市场领导者，而非短期盈利能力或者市场反应。

- 不断衡量投资的项目，淘汰回报低的项目，只留下表现最好的。
- 大胆投资于能够让我们获取市场领导者优势的项目，有些项目能成功，有些则未必，这对我们来说都是宝贵的一课。
- 如果面临在优化报表和最大化未来现金流之间选择，我们选择后者。
- 当我们做出大胆选择时，会和你们分享我们的战略思考步骤以便你们来评估这是不是理性的长期投资。
- 努力维持精益文化，我们理解节省成本的重要性，尤其在极易净亏损的这一行。
- 持续招募通才和天才们，并且用股权而非现金来衡量他们的竞争力，我们明白人才的重要性，必须要让他们有主人翁的意识。

我们不敢说以上这些都是正确的投资观，但这就是我们。

在这一基础上，我们来回顾下我们的商业焦点、今年的项目和我们对未来的展望。

留住顾客

从一开始，我们就为顾客提供价值。我们为顾客提供一些他们在别处得不到的东西，比如书籍。我们带来的多样化的选择是顾客在实体店里购物时无法比拟的（我们的店铺足有6个足球场那么大）。并且我们用实用、易于搜索、方便浏览的形式，24小时365天不间断地将商品展示给顾客。我们将持续改进顾客体验。现在我们有了礼品券、一键购物、海量评论、浏览选项和推荐等功能。我们通过降低

第8章 泥石流：新商业模式公司

价格来提升客户价值。口碑营销是我们最有力的武器，我们由衷感谢顾客对我们的信任。重复购买和口碑营销使亚马逊成为线上售书的领导者。

1997年，亚马逊走过了漫长的道路：

- 销售额从1996年的1570万美元增长到1.49亿美元，增长了838%。
- 顾客账户从18万到151万，增长了738%。
- 回头客的订单占比从1996年第四季度的46%到1997年第四季度的58%。
- 根据用户使用率，我们网站从前90名进入前20名。
- 我们和许多重要的战略合作伙伴建立了长期的关系。

基础设施

1997年，我们努力扩展商业基础设施来支撑快速发展的交通、销售和服务等级：

- 亚马逊的员工从158名增长到614名，尤其加强了管理团队。
- 配销中心从5万平方英尺增长到28.5万平方英尺，其中包括西雅图的设施扩建了70%，和11月在特拉华建立的第二个配销中心。
- 年底存货升至20万种，拓宽客户选择面。
- 现金和投资余额在年底达到1.25亿美元，由于今年的IPO和7500万美元的贷款，使我们的战略极具灵活性。

员工团队

过去一年的成功离不开我们聪明、勤奋、有才干的团队。我为有这样一支团队而感到自豪。在招聘时设置高门槛一直是亚马逊成功的关键因素。

在这里工作不容易（面试时我一直告诉应聘者，"工作时间长、勤奋、聪颖，在亚马逊缺一不可"），但我们的工作是有意义的、对顾客重要的、可以青史留名的。这样的工作肯定不会容易做。我们很幸运能够找到这样一群有献身精神的团队。

明年的目标

我们还在进行关于如何通过电子商务为顾客带来新价值的早期探索。我们的目标是持续稳固扩大我们的品牌和用户基数。这要求对系统和基础设施持续投资来提升用户体验。我们计划将音乐添加到我们的产品线，其他项目也可以谨慎投资。针对海外用户，我们有许多机会可以提高服务，比如削减运输时间以及提供个性化的体验。可以确定的是，我们面临的挑战不是寻找新的机会扩大业务，而是优化投资顺序。

比起亚马逊创立时，现在我们对电子商务的了解更多，但我们尚在摸索阶段。尽管我们对未来的发展抱有乐观的态度，我们仍需警惕和紧迫感。未来亚马逊将面临的挑战和障碍有以下几点：进取有野心有资金的竞争者、增长障碍和执行风险、产品和地域扩张的风险、为了扩大市场份额的长期资金需求等。然而，像我们已经说的，线上售书，或者说是电子商务这个大概念，将会是个巨大的市场，大量公司都会看到这个巨额的利润。我们满意自己过去的发展，更加兴奋于未来的发展。

1997年对我们来说是不可思议的一年。亚马逊感谢客户的信任与支持,感谢同事们的辛勤工作,感谢股东们的鼓励。

杰夫·贝索斯

台积电:技术创新固然重要,但商业模式创新往往是最值钱的[一]

代工:颠覆的创新商业模式的成功改变半导体格局

台积电是全球最大的芯片代工企业。台积电成立于1987年,总部位于中国台湾新竹,是全球第一家专注于代工的集成电路制造企业。公司经过30余年的发展,目前也已经发展为全球最大的晶圆代工企业,市场份额超过50%。目前公司最先进的制程技术已达7nm,公司也是全球首家提供7nm代工服务的专业代工厂。

从2001年1月2日的8.5元新台币,涨到2021年3月25日122元新台币,整整十年多时间,台积电股价上涨了21倍,在世界半导体领域占据重要的竞争地位(见图8-12)。30年前,台湾地区金融股占比为36.4%,电子股仅占总市值2.3%,如今的三大权重股台积电、鸿海、联发科当时都还没挂牌,而2021年的今天,台湾股市电子股比重超过70%,金融股下降至15%以内。从2020年到2021年,电子股受到追捧,台积电一路从248元新台币到突破600元新台币(折合人民币150元)大关,目前台积电一家公司的市值,占台湾地区加权指数比重高达32.5%,可以说是牵一发而动全身。

[一] 副标题源自台积电董事长张忠谋原话。

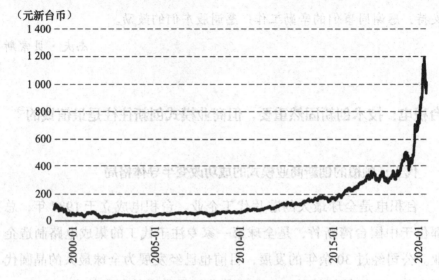

图 8-12 台积电 20 年间的股价走势图

在全球半导体行业中,张忠谋首创半导体芯片代工服务,让半导体公司可以专注于设计,把制造交给台积电。张忠谋凭借这个商业模式的创新想法,打造出台积电的商业奇迹。当时,全球的半导体行业采取的是单一的 IDM 模式,即企业内部完成芯片设计、芯片生产和测试封装三个流程,在当时英特尔、三星等巨头都采取这种模式。这些公司大多把面向外部的晶圆代工作为副业,主业是设计和销售自己的产品,因此市场上没有专业的代工服务。张忠谋正是看到了这样的机会,才决心要成立一家纯粹的芯片代工公司。

据集邦咨询旗下拓墣产业研究院最新调查显示(见表 8-1),2020年第二季度台积电营收高达 101 亿美元,较 2019 年同期大涨 30.4%,排名第一。三星排名第二,营收 36.78 亿美元,同比增长 15.7%;格芯(GlobalFoundries)位列第三,营收 14.52 美元,同比增长 6.9%,

联电、中芯国际、高塔半导体、力积电、世界先进、华虹半导体、东部高科跻身前十。第一名台积电营收超过第二名三星近 2 倍，在全球芯片代工领域遥遥领先。

表 8-1　2020 年第二季度全球十大晶圆代工厂营收排名

排名	公司	2020 年第二季度（百万美元）	2019 年第二季度（百万美元）	年增长率	市场占有率
1	台积电（TSMC）	10 105	7 750	30.40%	51.50%
2	三星（Samsung）	3 678	3 180	15.70%	18.80%
3	格芯（GlobalFoundries）	1 452	1 358	6.90%	7.40%
4	联电（UMC）	1 440	1 162	23.90%	7.30%
5	中芯国际（SMIC）	941	791	19%	4.80%
6	高塔半导体（TowerJazz）	310	306	1.30%	1.60%
7	力积电（PSMC）	298	174	71%	1.50%
8	世界先进（VIS）	265	223	18.90%	1.40%
9	华虹半导体（Hua Hong）	220	230	-4.40%	1.10%
10	东部高科（DB HiTek）	193	185	4.60%	1.00%
	前十大合计	18 903	15 359	23.10%	96.40%

注：1. 三星计入系统 LSI 及晶圆代工事业部之营收。
　　2. 格芯计入 IBM 业务收入。
　　3. 力积电仅计入晶圆代工营收。
　　4. 华虹半导体仅计算财报公开数字。

资料来源：各厂商，拓墣产业研究院整理，2020 年 6 月。

在半导体行业的早期，如果一个公司想要设计和销售芯片，那么它也必须制造这些芯片，但随着芯片制造的复杂性和成本的增长，芯片设计者（特别是微型芯片设计者）越来越难以拥有和经营自己的芯片制造工厂。而台积电认识到了这一点，虽然许多芯片制造商并没有开发芯片制造技术的能力和资金,但许多小型芯片制造商可以支撑起规模化的芯片制造,这使得仅从事芯片设计、研发、应用和销售的集成电路设计商成为可能,这种公司也被称为"无芯片厂"。可以说正是台积电创造了这一行业价值,使得在美国更多无芯片厂的涌现成为可能,台积电的成功,源于张忠谋看到了新的商业模式创新的机会,他说,"当初的这个野心并不大,结果却颠覆了整个世界半导体业"。台积电崛起源于商业模式设计的远见,在20世纪80年代的芯片市场上,大公司确实没有这个市场需求,全球仅有的二十几家小的独立设计公司都是摇摇欲坠,但张忠谋看到很多在大的半导体公司工作的工程师想出来创业,却苦于要投建芯片制造厂门槛太高。

台积电首创的设计与制造分离的代工模式,赶上20世纪90年代半导体设计公司的风潮,过去30年,半导体产业的多数创新也都来自这些专注于设计的公司。台积电首创的这一模式创新带动了高通等集成电路设计业者的兴起,专业化分工提高了整体行业效率,深刻改变了个人电脑、手机和人工智能等产业的发展。

此外张忠谋还提出了台积电的一个主要业务来源:不仅无芯片厂依赖于台积电的芯片制造服务,美国有芯片制造工厂的芯片制造商同样也在接受台积电的芯片制造服务。

英特尔的年收入是台积电的两倍,是一家拥有自己的制造工厂,而且大部分工厂都位于美国的芯片制造商,但仍然需要依靠台积电来生产它的一些产品,例如无线芯片。台积电给了许多芯片制造商运营和发展的机会,而不需要拥有和经营自己的芯片工厂,半导体行业也可以支持更广泛、更多样化的公司，而这些公司往往需要很多人才，包括芯片设计工程师、产品营销人员，以及与台积电合作生产其产品的工程师等。

目前与台积电达成长期合作协议的大型美国公司包括全球领先的移动芯片制造商高通，以及智能手机巨头苹果，尽管其在加利福尼亚州和得克萨斯州都有大型芯片工厂。

商业模式决定公司价值

台积电选择代工领域在当时看存在着诸多挑战：重资产，前期投资高；独立设计公司需求小，风险大；制造环节毛利率低，利润率明显要低于设计环节。

大部分公司在选择产业链上的战略定位以及商业模式时，总是倾向定位于最赚钱的业务，台积电立足于芯片代工的战略定位以及由此建立的商业模式，往往并不被看好。

但是从长期来看，短期的利润率高不等于长期的资本回报率高，决定公司价值的核心在于边际的和持续的资本回报率高，体现公司具有长期动态的足够强的竞争力。

好的商业模式至少包含以下元素：①聚焦成本、差异化和客户体验等核心目标，形成公司能力（原力）目标；②根据商业模式的原理，力求定位于在产业各利益相关方的核心平台位置，能够使公司在产业动态发展过程中始终处于合约关系中最强联系需求的一方；③公司战略资源配置类似亚马逊的闭环的"飞轮"，能够使前两个过程在动态演进中得以增强。

从台积电这个案例可以看出，虽然在台积电建立的时候产业里大都是垂直一体化的企业，芯片设计、制造、封装测试都是一体化的公司为主导，但台积电发现，这个产业可以在商业模式上把设计跟制造分开，并且产业已经有了20多家独立设计公司的萌芽，只是这种新商业模式的生态在传统的垂直一体化比较缺乏制造环节，并且制造环节本身可以跟不同的设计公司链接，具备平台型公司的特点，在这个产业链中处在平台和中心的位置，这种灵活设计加重资本制造的新模式在初期就具备灵活、多样化特点，可以有效跟垂直规模化的传统业态竞争，台积电的商业模式定位可以保证其在产业链中的价值分享。

随着设计加制造平台的商业模式新生态发展，持续重资本投入的芯片制造业平台公司具备了规模效应，可以产生"护城河"效应，从而使其在长期持续竞争中始终保持竞争优势。

台积电在取得领先后，跟亚马逊一样，并没有急于分红，而是持续了高额资本开支，资本开支与经营现金流形成了正向循环，不断强化领先优势。对比另外两家纯芯片代工企业联电和中芯国际，台积电的资本开支规模上遥遥领先，2017年资本开支分别是联电和中芯国际的7.6倍和4.7倍，不断扩大产能上的差距。资本开支大多形成物业、厂房和设备，而芯片代工行业一大特点是设备折旧年限通常是5~7年，台积电的设备折旧政策尤为激进，为5年。因此，台积电每年有大量的折旧，经营性现金流远超净利润。经营性现金流又可以支撑台积电在未来投入更多的资本开支，不断扩大这种规模优势。

台积电凭借高额资本投入以及形成的领跑优势,可以通过价格战来阻击对手。台积电的制程技术是领跑的,即意味着设备折旧率先提完,而竞争对手还在计提设备折旧。台积电可以利用成本上的优势来打价格战,让后进者苦不堪言。以28nm芯片为例,台积电2011年新入的产能在2016年年底即可计提完折旧,2017年开始降价,让其竞争对手中芯国际和联电的28nm产品盈利能力大幅下滑(见图8-13)。

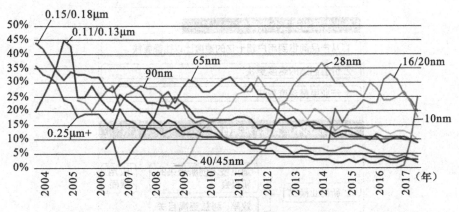

图8-13 台积电季度收入按制程分类占比变化

资料来源:台积电季度报告,兴业证券经济与金融研究院整理。

台积电的"飞轮"理论使其在竞争中一直保持优势地位。行业内的独立设计公司越多,产品终端需求越复杂,以及对于芯片制造的资本更新改造需求越高,就越能够动态强化台积电的"护城河",亚马逊"飞轮"理论的正反馈使台积电在长期竞争中,相对于英特尔这类垂直公司保持商业模式和生态优势持续保持较高的回报率。

第 8 章 泥石流：新商业模式公司

客户即价值：跨界新物种的八爪鱼增长模式

以客户流量运营为核心
1. 获客效率高
2. 获客成本低
3. 创造价值的能力大幅提高
4. 运营效率高
    └ "入侵"其他行业，成为"八爪鱼"
        └ 但不会无限扩张
5. 正向循环后公司竞争力将非常强大

产业发展出现三个新现象
1. 从产品问世到用户超十亿的速度比以往都要快
2. 价值创造的速度更快
3. 产业更替速度更快

新商业模式不是雪球，是泥石流

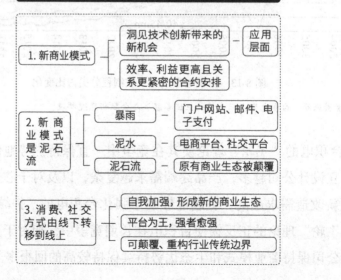

第8章 泥石流：新商业模式公司

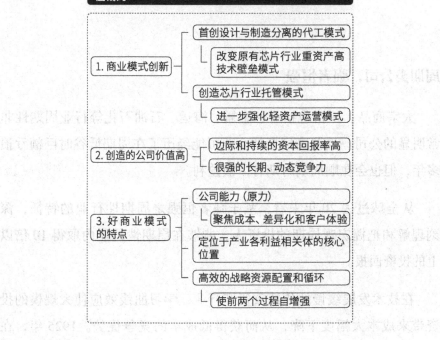

第 9 章

周期股：永远的周期

周期类公司，强者恒强

大宗商品，是指包括有色金属、海运、石油石化等行业周期性非常明显的公司。这些高周期的企业可能经历了在周期低谷时巨额亏损多年，但也会在顺周期时期有巨额盈利。

从全球过去20年来看，基于强者恒强之周期性行业的特征，深刻理解和把握宏观周期的投资人，能够在周期性行业内取得10倍以上的投资回报。

在技术发展缓慢的传统重资产行业，学习曲线效应使大规模的投资带来成本大幅度下降，从而获得低成本的竞争优势。1925年，在美国怀特·彼德森空军基地在实践中发现，在飞机制造业装配操作过程中，产量增加一倍，劳动时间需求大约只相当原来时80%，1936年，美国学者怀特首次在航空工业杂志发表文章指出学习曲线的实际效果，把这种随着产量增加，单位产品用时有规律的逐步降低的现象称为"学习效应"。

由于"学习效应"的存在，重资产行业进行巨额投资的军备竞赛，一方面相对弱小的竞争者淘汰出局，另一方面最终剩下的都是"大块头"，这些大玩家的竞争均势往往是寡头间强强对决，行业呈现出明显的周期性特点，行业集中度在波动中逐渐提升。

由此可以看出，在周期性行业内，只有头部企业才能长期生存，才有长期价值。在石油、石化、煤炭、钢铁、有色金属、水泥、航运、造船、粮食等这些高周期性行业里，短期内，任何公司都没有能力通过规模扩张让竞争对手破产，把握周期性波动的公司才能创造更高的价值，在长周期竞争中胜出；甚至全球只剩下几个跨国企业在竞争，行业的价值被高度垄断。

周期性行业的波动特征使得每个公司经营都处于周期性的波动之中，即使规模巨大，已经是行业领先的巨头，也不能抗衡行业的波动。但头部公司由于其规模优势，风险相对比较小，能够长期生存并且逐渐扩大在行业内的领先优势，为投资人创造长期价值。

对宏观周期的研判对于周期性行业经营者和投资人都非常重要，公司在规模扩张和周期波动权衡决策，周期性行业公司类似参加七项全能赛事，每一个项目都很重要，但只要一个项目不及格，基本就可能被淘汰出局。对长周期的行业来说，对宏观经济的深刻理解更显得尤为重要。

马士基：航运霸主在波动中发展

以航运公司为例，自1980年以来的40多年里，全球前20家航运公司中只有5个品牌仍保持在前20名的位置：赫伯罗特、马士基航运、长荣海运、以星航运和阳明海运。40年前，前20家航运公司控制了全球运力的40%，如今最大的20家航运公司控制着93%的市场份额，行业集中度大幅度提升，大量的小规模企业被收购或者破产退出市场，强者恒强的规律在航运业非常明显。

截至2019年4月，全球班轮公司运力100强中，马士基排第一（市场份额18.0%），地中海航运（市场份额14.8%）排第二，中远海运集运+东方海外货柜（市场份额12.3%）排第三，达飞轮船（11.6%）排第四，赫伯罗特（7.4%）排第五，日本海洋网联船务（ONE）（6.8%）排第六，长荣海运（5.4%）、阳明海运（2.9%）、现代商船（1.9%）、太平船务（1.8%）分列第七名到第十名。

1904年，28岁的阿诺德·彼得·穆勒同父亲共同创建了斯文堡船运公司，购买了一条载重2200吨的二手蒸汽轮船。八年后，穆勒又创建了1912轮船公司，2003年，两家公司合并为A. P. 穆勒-马士基集团，总部位于丹麦哥本哈根，在全世界125个国家设有办事处，全球市场份额多年保持第一，在全世界"福布斯全球企业排行榜Top500"排名320名，是航运行业"巨无霸"。

经历了2008年的全球经济危机以及美国量化宽松政策、中美贸易摩擦后，全球经济的艰难复苏及全球贸易格局的变动使得马士基的收入、利润也处于剧烈的变动之中,在过去的13年中,2009年、2016年、2017年这3年公司的净利润都是负值(见图9-1),然而这个成绩在该行业中已经十分优秀了,其他的航运公司在这几个年份的盈利情况更为糟糕。

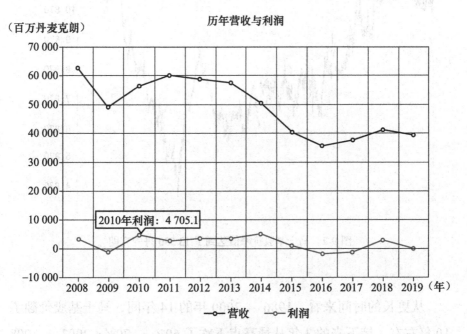

图9-1 马士基营收与利润情况(2008～2019年)

马士基的股价呈现非常明显的周期性波动的特点,进入2020年,由于运价的大幅度上涨,马士基的股价也直冲云霄,从最低的接近4000丹麦克朗大幅上涨到13 530丹麦克朗(见图9-2),涨幅达到238%。

图9-2 马士基股价峰值达到了13 530丹麦克朗

从更长的时间来看，1986～2000年的14年间，马士基股价翻了10倍左右，接下来的3年从最高点下跌了60%～70%；2003～2008年的涨幅高达4倍，又用了2年，股价跌去了2/3，2015年和2021年最近又连创新高，目前的股价相对于2009年的低点，股价又涨了250%。作为行业内最大的航运公司，其股价的跌宕起伏体现了行业高周期的特征（见图9-3）。

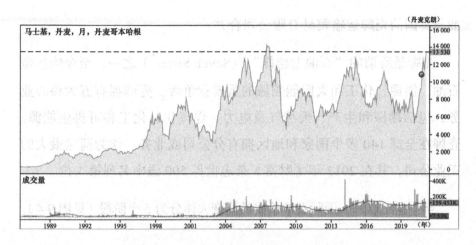

图 9-3　马士基股价走势（1989～2020 年）

资料来源：英为财情。

从马士基的发展历程来看，1986 年，即最早能找到其股价的那一年，马士基的股价还不到 1000 丹麦克朗，如果投资人从 1986 年持有马士基的股票一直到 2021 年 3 月（股价是 13 530 丹麦克朗），股价在 35 年内翻了 13.5 倍，涨幅并不高。但是其股价每隔几年就进入一个超级周期，涨幅从 2.5 倍到 10 倍不等，因此，如果能把握行业脉动，高周期的行业则是可以创造十年十倍机会的一类公司。

壳牌：把握石油周期的逆袭者

荷兰皇家壳牌集团（Royal Dutch/Shell Group of Companies）是世界第二大石油公司，总部位于荷兰海牙。荷兰皇家壳牌集团由荷兰皇家石油与英国壳牌两家公司合并组成。荷兰皇家石油于 1890 年创立，并获得荷兰女王特别授权，因此被命名为荷兰皇家石油公司。为了与当时最大的石油公司美国的标准石油公司竞争，1907 年荷兰皇家石油与英国的壳牌运输贸易有限公司合并。

壳牌是所谓的"石油七姐妹"[⊖](Seven Sisters)之一,至今依然是石油、能源、化工和太阳能领域的重要竞争者。壳牌拥有五大核心业务,包括勘探和生产、天然气及电力、煤气化、化工和可再生能源。壳牌在全球140多个国家和地区拥有分公司或业务。作为荷兰最大的工业公司,其在2012年《财富》杂志世界500强中名列第1位。

半个世纪以来,国际石油价格的演变大体分为5个阶段(见图9-4)。

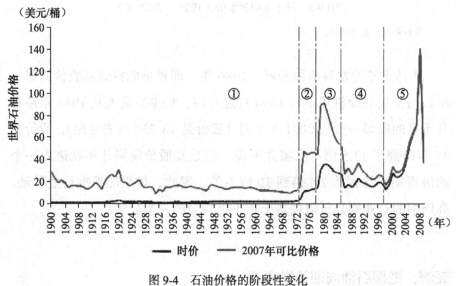

图9-4 石油价格的阶段性变化

1. 1973年以前的低油价阶段。

1960年石油输出国组织(OPEC)成立以前,石油的生产和需求

⊖ 指当初洛克菲勒的标准石油公司被分割成的七家较大的石油公司。

受西方国家控制，油价处于 1.5 ~ 1.8 美元/桶的垄断低水平。1960年9月，OPEC 在伊拉克首都巴格达成立，成立后围绕着石油的生产权和定价权不断与西方跨国公司进行斗争。

从 OPEC 成立到 1970 年，油价一直保持在 1.8 ~ 2 美元/桶的水平上，可见整个 20 世纪 60 年代 OPEC 在国际石油市场上控制油价的能力微不足道。1970 ~ 1973 年，随着 OPEC 在一系列谈判中的胜利，油价的决定权主体开始发生变化，油价出现上升迹象，到 1973 年 10 月油价接近 3 美元/桶。

2. 1973 年 10 月 ~ 1978 年，油价上升与第一次石油危机期。

这一时期，OPEC 国家在实现石油资源国有化的基础上，进而联合起来，夺取了国际石油定价权，并以石油为武器打击欧美发达国家，维护民族利益。1973 年 10 月爆发了第四次中东战争，油价急剧上涨，从 10 月的接近 3 美元/桶涨到 1974 年 1 月的 11.65 美元/桶，造成了西方国家第一次能源危机。

1974 年 2 月在尼克松的建议下，召开了第一次石油消费国会议，成立了国际能源机构（IEA），能源问题成为国际政治外交中的重要议题，OPEC 的国际地位迅速上升。1974 ~ 1978 年油价稳定维持在 10 ~ 12 美元/桶的水平。

3. 1979 ~ 1986 年，第二次石油危机及其消化阶段。

1979 ~ 1981 年第二次能源危机时，布伦特油价狂涨到了 36.83 美元/桶。借助两次石油危机，OPEC 从国际石油垄断资本手中完全夺回了石油定价权。1981 ~ 1986 年为 OPEC 实行原油产量配额制的较高油价时期，布伦特油价从 36.83 美元/桶缓慢降到 27.51 美元/桶。

随着非 OPEC 产油国原油产量的增长以及节能和替代能源的发展，OPEC 对油价的控制能力不断下降，油价也开始不断回落。1986 年，油价急剧下跌到 13 美元/桶左右。

4. 1986～1997 年，实现市场定价的较低油价时期。

此时期，由于石油勘探开发技术的进步，石油成本不断下降，产量增加，国际油价的决定主体从 OPEC 单方面决定，转向由 OPEC、石油需求和国际石油资本共同决定的局面，国际油价基本实现市场定价。布伦特油价在 14.3～20 美元/桶的水平上徘徊波动（1990～1991 年海湾战争时期油价出现短期大的涨落除外）。

5. 1997 年以来，国际油价短暂下跌后大幅度上升直至跌落的阶段。

受亚洲金融危机、需求下降以及 OPEC 不适时宜的增产，布伦特油价从 1997 年 1 月的 24.53 美元/桶下降到 1998 年 12 月 9.25 美元/桶的最低价，然后从 1999 年 3 月开始反弹并一路攀升，2000 年 8 月突破 30 美元/桶，2000 年 9 月 7 日最高时达到 37.81 美元/桶，短短 18 个月里涨幅达 3 倍之多，创"海湾战争"以来的油价新高。

2003 年之后，油价更是一路持续上涨，终于在 2008 年 7 月创下接近 150 美元/桶的历史最高纪录，并在 5 个月之后的 2008 年底戏剧性地下挫到 40 美元以下。此后一直维持在此 60 美元/桶左右的价格，一直到 2020 年 3 月，油价一度跌为负值，成为历史奇观，截止到 2021 年 3 月 26 日，油价为 60 美元/桶左右（见图 9-5）。

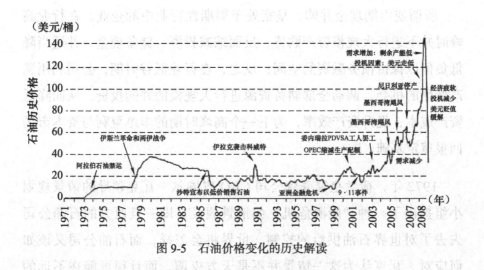

图 9-5　石油价格变化的历史解读

通过油价的起起落落可以看出，石油行业是一个充满不确定性的行业，行业受到全球宏观经济、地缘政治、勘探开采技术进步、替代能源发展、国际组织定价博弈等诸多重大不可控因素的影响，并且这些因素的综合结果导致油价如坐过山车一样发生周期性剧烈变动，公司的经营也处于高度不确定的环境。

从行业内公司的股价来看，大型石油公司的股价也随着油价呈现周期性波动的特点，高峰和低谷价格差十倍以上。一方面，把握周期因素具有巨大的获利的空间。另一方面，一旦判断失误，投资也将出现巨大损失。

20 世纪 70 年代初的荷兰皇家壳牌公司还是当时"石油七姐妹"中最小的一个，但是成功的金融战略运用使这只"丑小鸭"变成了

"白天鹅",一跃成为世界第二大石油公司。其运用的金融战略,具体来说,就是逆周期现金并购,也就是把握行业的周期。

所谓逆周期现金并购,是指处于周期性行业中的企业,在行业高峰时并不进行大规模资产购置,反而缩减投资、储备现金,并适当降低负债以保留债务融资的空间;反之,在行业低谷时期,公司利用资产低估的机会,调动全部储备资源进行大规模的并购投资,从而降低资产成本,提升资产效率,为下一个高峰时期的丰厚盈利与资本市场回报奠定基础。

1972年,荷兰皇家壳牌公司CEO皮埃尔·瓦克领导的情景规划小组提出了一种"能源危机"的情景假设,即一旦西方的石油公司失去了对世界石油供给的控制,世界将会怎样,而石油公司又该如何应对。瓦克认为这一情景并不是天方夜谭,而且很可能在不远的未来变为现实。为此,荷兰皇家壳牌公司在20世纪70年代初一直在努力进行现金储备。在1973~1974年冬季,OPEC宣布石油禁运时,这些储备帮助壳牌成为唯一一家能够抵挡这次危机的大石油公司。

1982年,接任瓦克的彼得·舒瓦茨继续奉行逆周期的储备战略。在20世纪80年代早期的繁荣时期,荷兰皇家壳牌公司并没有效仿其他各大石油公司进行大规模的油田收购,而是着力储备现金,并降低负债率。在1986年石油价格崩盘后,当其他石油公司纷纷陷入财务危机、资金周转不灵并急于出售资产时,荷兰皇家壳牌公司成了最大的买主。

从此后荷兰皇家壳牌公司的经营战略可以看到,它一直奉行主动判断油价机宏观形势，捕捉行业的投资机会。壳牌在利润率降低的 1998 年和 2002 年，分别进行了两次大规模的投资支出；而在利润状况较好的 2000 年和 2004 年，公司主动缩减了投资支出。

荷兰皇家壳牌公司在 1996 年、2000 年和 2004 年的行业波峰期，现金储备处于周期性高点，同时，企业通过大量减债（净债务融资现金流为负）使负债率处于历史低点；反之，在 1998 年和 2002 年的行业低谷时期，投资支出大幅增加导致期末存量现金处于历史低点，并大量借入现金（净融资现金流为正）使负债率处于周期性高点。

以 2002 年为例，此前，公司手持现金接近 70 亿美元，有息负债资本比不到 20%，但为了支持 2002 年 200 亿美元的投资支出，公司减少了 50 亿美元手持现金，并增加了 90 亿美元短期负债和 66 亿美元长期负债，从而使现金存量降到 15.6 亿美元的历史低点。

1977~2006 年的近 30 年内，其股票的累积回报率（复权后）接近 2500%，而同期标普 500 指数的累积回报率为 1000%，能源企业累积回报率不到 1500%，比荷兰皇家壳牌公司少了 1000%；如果从 1973 年石油危机之前计算，则荷兰皇家壳牌公司的累积回报率将超过 4000%（见图 9-6）。

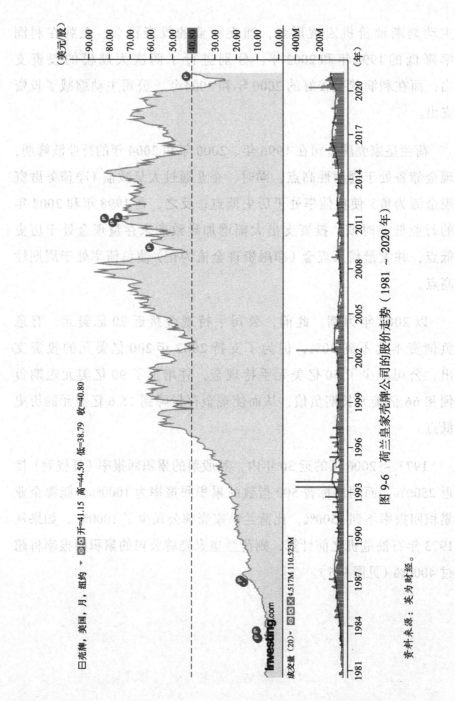

图 9-6 荷兰皇家壳牌公司的股价走势（1981～2020年）

资料来源：英为财经。

第 9 章　周期股：永远的周期

周期类公司

- **强者恒强**
  - 1. 特点 — 周期底部亏损，顺周期巨额盈利
  - 2. 需要深刻理解把握宏观周期
  - 3. 行业巨头也无法与周期波动抗衡
  - 4. 行业巨头风险较小
    - 抵御风险能力强
    - 创造长期价值

- **马士基：航运霸主在波动中发展**
  - 1. 全球航运第一 — 航运业巨无霸
  - 2. 已成立 40 余年
  - 3. 经历全球多轮周期
    - 1986～2000 年：股价翻 10 倍
    - 接下来 3 年：股价跌 60%～70%
    - 2003～2008 年：股价上涨 4 倍
    - 2008～2009 年：股价跌去 2/3
    - 2015 年和 2021 年股价连创新高

- **荷兰皇家壳牌公司：把握石油周期的逆袭者**
  - 1. 1890 年成立
    - 荷兰最大的工业公司
    - 2012 年世界 500 强第一名
    - 经历半个多世纪以来所有的石油价格历史性事件
      - 1973 年以前的低油价时期
      - 1973～1978 年第一次石油危机
      - 1979～1986 年第二次石油危机
      - 1986～1997 年低油价时期(市场定价)
      - 1997 年以来的原油价格大幅波动时期
  - 2. 最成功的战略：逆周期现金并购
    - 行业高峰：缩减投资、储备现金、降低负债
    - 行业低谷：资产价值低估阶段，调动全部储备资源进行并购投资

第三部分

捕捉十年十倍股的渔网和鱼竿

在过去的十年内,我们研究了十年上涨十倍的公司的特点。类似于在投资的海洋中捕捉十年十倍股"大鱼"。我们发现滚雪球、泥石流、硬科技和高周期这四种类型的公司就是大鱼出没的海域,虽然这些海域都有大鱼潜游,但是捕鱼的方法又完全不同,有的适合架起钓竿耐心等待,有的适合在风浪中主动勇敢地下网捞捕,有的需要张网以待,在鱼群出没的海域提前埋伏,静等鱼来。

第 10 章

宏观情景分析：抓住"下网"高周期性行业的时机

情景分析法的由来

情景分析是一个面对高度不确定性事件的分析工具。通过使用情景分析的方法，壳牌曾经抓住两次石油危机的时机快速崛起，投资人如果有能力预测到两次石油危机的时点，一样会获得高额回报。可见，在高周期性行业内，无论是公司的经营决策者还是投资人，都一样面对不确定性，把握周期机会需要对宏观和产业周期做出准确的判断，而这是一项非常具有挑战的任务。

高周期性行业由于其高度依赖宏观变动，对于宏观经济增长、利率政策环境和产业政策，甚至国际政治环境都高度敏感，因此，高周期性行业随着这些因素的变动呈现出景气周期剧烈周期性变动的特点，而以大宗商品为核心的高周期产业不确定性高，很难准确地预测，这就是为什么在投资行业即使专业的投资人也往往很难抓住周期性公司的投资机会，持续在周期性行业取得良好的投资业绩。

美国在二战时同样面对与高周期性行业类似的情况以及棘手的不确定问题，在当时政治不稳定及高度不确定的状态下，要得出一个准确的国防预算是一个巨大挑战，也是一个复杂的问题。为了对开支做出合理的判断，各部门需要洞察未来可能使用武器的政治环境。这种不确定性为情景思维的出现提供了平台。因此，美国国防部聘请兰德公司（RAND）来帮助国防部决定应该资助哪些项目来发展新的武器系统。

如果说情景规划有一位元老，那一定是具有伟大形象的赫尔曼·卡恩（Herman Kahn），在兰德工作期间，卡恩开始为美国防空系统导弹司令部开发各种场景，并因为其不可思议的想法而闻名。他后来回忆说："我们特意选择 scenarios 这个词来淡化这个概念，在为各种情况写剧本的时候，我们一直在说'记住，这只是一个剧本'，这是好莱坞作家创作的东西。"他的工作突出了核战争的极端和可怕后果，而不是说预测未来。卡恩的情景是探索性的，旨在让人们思考未来，帮助克服加强自然倾向而避免思考不愉快的事情的社会禁忌。

在 20 世纪 50 ~ 60 年代，卡恩为美国军方开发场景。在 20 世纪 60 年代末，开始探索长远的未来，受到卡恩方法的启发，石油巨头荷兰皇家壳牌公司的泰德·纽兰（Ted Newland）和皮埃尔·瓦克开始使用情景分析的方法预测石油行业的周期。

20 世纪 70 年代，随着西方经济停滞和通胀上升，传统的预测技术被证明越来越不可靠和无效，动摇了企业管理者的信心。由于时代的不确定性，需要一种方法来进行超前规划。自战争结束之后，全球对石油的需求一直在增长，人们认为这种趋势将继续下去。因此，瓦克和纽兰将注意力集中放在了供应方面，揣摩行业利益相关者的心态，并扮演他们可能的角色，像他们一样进行做出回应。瓦克可以看出未来供应的一致性得不到保证，"如果我们是伊朗，我们也会这么做"。设想的过程使他能够预见其他人尚未考虑到的事态发展。

预测的结果是石油的周期正在发生重大变动，石油危机很可能会发生，公司应该为此做好各方面的准备。1973年，这一场景成为现实。在1973年10月6日，第三次中东战争爆发了，导致石油供应国对几个国家实施了政治禁运，限制了石油供应，油价上涨了5倍。瓦克在荷兰皇家壳牌公司的这一工作已足以确保为这样一次活动进行了战略准备，因为公司"从情感上为这一变化做好了准备"。其反应远远领先于竞争对手。在石油公司的盈利榜上从第七名升至第二名。瓦克的情景分析，让荷兰皇家壳牌公司收获了经济价值为数十亿美元，在各种情景中，该公司堪称20世纪70年代初的成功传奇。

瓦克也借此一战成名，他最崇拜一位宗教教师乔治斯·葛吉夫，他对情景分析的理解有助于我们理解在投资中运用"情景分析渔网"的具体方式。葛吉夫说，如果具有特殊的洞察力，"看见"未来是可能的。但是，他并非指的用眼睛看。瓦克为了对这种"看见"加以解释，讲述了自己曾在日本遇到的一个园丁的故事。那位园丁指着一根粗粗的竹竿解释说，如果把一颗石子投向它，轻轻地击在偏离中心的位置，石子会弹下来，几乎没有声音；但是，如果石子击在竹竿的正中心，会发出明显不同的"叮当"声。然后，他说要想保证击中竹竿正中心，在投石子之前，必须听见自己心里的那种特殊的声音，而后注意力高度集中在那个声音上。据一位同事说，瓦克认为，预测未来需要同样的训练。他说，就是要"集中精力，确切指出那些能激发理解力的关键事实或深刻见解"。

这并不是说瓦克是那种只洞察未来的人，他也非常通晓现实世界中的情况，对现实情况以及它们所显示的大量未来可能发生的情况进行分析。

毫无疑问，预测高周期性行业的未来走势是一项艰难的挑战，这一类投资原力的宏观周期判断需要多年的细致观察和亲身体验来不断减小预测的偏差。因此，投资人判断高周期性行业的投资机会的关键原力在于对于宏观情景的深刻理解。基于当前的宏观事实，未来一段时期或者10年、20年宏观会发生哪些变化，这些变化哪些会深刻的改变高周期性行业的周期，是每一个从事高周期性行业投资的投资人时时刻刻问自己的问题。

对于以往历史中宏观变量和产业之间关系的观测经验，以及对当下宏观现状的深刻理解是把握高周期性行业的基础，但仅仅这些是远远不够的，还需要建立沙盘推演的逻辑思维能力，就像电影《盗梦空间》里的造梦师一样，在该电影中，主人公柯布和小才女阿丽瑞德妮都是出色的造梦师，可以在清醒时预先造出梦境。现实世界的逻辑在梦境中依然存在，但是已经可以根据造梦师的想象的剧情来演绎。

作为高周期性行业的投资人，需要掌握像造梦师一样的能力，即可以根据当前的客观的宏观环境和产业现状，来发展一些情景，这些情境中宏观的背景各自演绎出不同的"剧本"，造梦师根据经验来判断哪些可能性更大，哪一种场景会成为最可能的现实。

下面分享我在 2020 年 3 月在新浪财经做的一场宏观演讲，作为一个情景分析的实例。

案例：2020 年 3 月时点的情景分析

2020 年 3 月，美股大幅度下跌，连续触发熔断机制，美国道指及纳斯达克指数下跌了超过 35%，A 股大跌超过 400 点至 2600 点左右，石油价格下降 30% 以上，最后甚至变为负值，历史罕见。

全球的避险资金和这种经济向好的这种趋势，有最悲观的预期，也有最乐观的预期，并且这两种预期同时存在。这是前所未见的，如果回首来看，应该是 2008 年情况的一个重演，但是比 2008 年更加复杂。

同时，市场全局应该是长期向好，包括中国的股市，包括美国和欧洲的主要模式，这种增长的趋势应该会持续。有三个确定因素：第一，不管是在中国还是全球，疫情会结束，虽然这个时间会比较长；第二，全球的流动性会持续，美国的货币政策应该是现在仍处在快速且大规模的宽松状态，并且是无限期、无限量宽松；第三，中国的复苏正在持续，从数据上来看，我们整个第三季度的宏观数据非常好，应该是全球最亮眼的主要经济体。

站在今天这个时点上来看，应当对资本市场全门类的资产短期之内持乐观态度。我们实际上都在寻找零利率，在历史性的货币政策之下寻找一个新的均衡点。在寻找均衡点的过程中，所有资产都有向上的动力。

险资比较强调资产配置，未来包括保险资金在内，会面临一个资金配置的困境，当前是资金配置一个少有的较好的窗口。因此，结论比较清晰：抓住当前的资金配置的缺口。以 2008 年的演绎过程看，当时最好的资产就是配置在房地产、股票等风险资产上。

当前，表面看经济是不确定性的，未来的经济复苏是不确定的，包括现在疫情造成的影响也是不确定的，但货币的超发是确定的，要抓住货币超发的机会，因为未来以上这些不确定因素逐渐转向确定以后，货币超发的情况又很难退出，那么我们未来资金面临的压力会更大。

另外，比如说黄金、比特币在短期之内，在流动性的充沛的情况下，仍然具有上涨的空间，但长期我并不看好这些资产。

▷ **直播金句**

1. 目前为止，由于我们以前认为的货币超发会带来恶性通货膨胀，但实际上现在这种约束已经消失了，从 2008 年开始，这种货币的超发现象反而会带来经济复苏。现在虚拟经济的这种复苏会带动实体经济的变化，所以我认为，这就是未来的一个新常态。
2. 我解读的未来的世界是一个狂野的世界，大量的资金充斥于市场，跟整个经济的基本面是脱离的。在一个货币超发的狂野世界，持有货币相对来说是比较危险的。
3. 未来的挑战主要来自零利率长期化。未来作为机构投资人和个人投资人，都要想象着整个收益率会下降，因此在一个 30 倍的市盈率的市场空间，与在一个 15 倍市盈率的市场里面，寻找投资机会的难度是完全不一样的。

4. A股比全球任何资产的确定性都要高。从全球资产来看，A股现在确实比较便宜；在流动性充沛这一点上，也比境外的情况好一点。中国的复苏进程比较顺利，从这个角度来看，中国的资产，尤其是A股市场，确定性要高些。
5. 现在做投资人，我觉得应该具备一些宏观的视野，因为现在真正主导市场是流动性这条路径。
6. A股乃至全球资本市场都会出现波动性加快的情况。资金快速流动、快速进出，就会很大程度上影响到市场的波动，而这种情况很难改变。在接下来相当长的一段时间之内，市场波动可能都是一个常态。抵御这种风险，实际上心态很重要。

凯利公式与宏观情景判断：胜率与赔率

2006年，电影《007：大战皇家赌场》(Casino Royale)里讲述了这样一段情节。恐怖分子因为资金问题攒了个赌局，想从中捞一笔。军情六处获知消息后认为最好的办法是涉身赌局，赢走坏蛋的钱，让坏蛋们因为没钱分账而自相残杀。这个聪明绝顶的方法却有一点漏洞：如果赌技差劲，输给了坏蛋，那就等于政府直接赞助了恐怖主义。

这是一场只能赢不能输的赌局，只有一位特工能够胜任。没错，他就是詹姆斯·邦德。做特工，需要具备很多素质。会赌博，则是这次任务最重要的软实力之一。007系列原作者伊恩·弗莱明坦诚，之所以从赌场开始介绍007，是因为"懂得赌博的技巧以及对赌博行为的掌控力是一个人绅士素养的基本反映"。想要在赌桌上赢钱，只能从两个方面入手：要么抽老千、换牌，制造概率优势；要么管理好筹码，使用先进的下注系统。这里涉及关键的三个因素。

1. 胜率。

胜率＝成功的概率＝成功的总次数／（成功的总次数＋失败的总次数）

例如，扔一个标准的硬币，你押正面，扔了 100 次，50 次是正面，胜率就是 50%。

假如玩儿扔骰子游戏，你押数字 6，数学意义上的胜率是 1/6。

2. 赔率。

赔率＝获胜时的盈利／失败时的亏损

例如上面你扔骰子压数字 6，若每次下注两元，赢了赚十元，输了亏掉两元，那么赔率就是 10/2=5。

再如你买了一只股票，预测其若上涨，幅度约为 30%；若下跌，幅度约为 10%，那么赔率就是 30%/10%=3。

3. 下注。

下注是指根据过往信息和当前局面，对未来做出一个预测，并且据此投资总资金的比例。因此，下注的单位应该是百分比，而不是金钱数量。

凯利公式（Kelly formula）就是一个通吃赌博和投资两界的先进下注系统，为之后的华尔街量化投资提供了基本模型。

它由一个从未进过赌场的科学家发明，方法是用一个动态的比例来下注，这个比例跟赔率相关，或者跟胜率相关。

$$f^* = \frac{pb+p-1}{b}$$

式中，p 为胜率，b 为赔率，f^* 为最优下注比例。

凯利公式，将"胜率""赔率""下注比例"整合在一起。

该公式的目的，是实现**"拥有正期望值之重复行为"**长期增长率最大化。

该公式于 1956 年由约翰·拉里·凯利（John Larry Kelly）在《贝尔系统技术期刊》中发表，可以用来计算每次游戏中应投注的资金比例。若赌局的期望净收益为零或为负，凯利公式给出的结论是不赌为赢。在投资中如果不能把握投资的准确性，逻辑上的仓位应该是零，这在高周期投资的逻辑中同样适用。

举个例子来说明这个公式在高周期类公司投资中的应用。如果投资人情景分析后认为，航运公司的股价处在历史的低位，未来 12 个月内有大幅度上涨的可能，而这种可能性在可预见的所有宏观情境中是非常高的，也就是说不出现这种宏观情景的概率很小。加之，高周期性公司在历史上看，其估值底部上涨的幅度是远远大于下跌的幅度的，也就是说其赔率也是远大于 1 的，那么我们就可以根据凯利公式决定资产配置方案。假设胜率为 80%，赔率为 3，那么我们应该适用 73.33% 的资金来配置高周期的航运股。

从以上实例可以看出，胜率的预估是凯利公式关键，如果胜率等于 50%，那么即使赔率是 10，配置的比例也会低于 50%。事实上，我们在股票投资过程中，对于赔率的预估应该相对保守，如果赔率是1，也就是上涨和下跌的幅度都一样，那么，只要预测的准确率低于50%，就不会把任何一分钱投资在股票上。

美国橡树资本创始人，著名的投资大师霍华德·马克斯在一份投资备忘录中分享了以下几点：

1）要在投资这场对赌游戏中赢多、输少，你就必须在知识上有优势，你要比对手知道得更多。这正是卓越投资人的优势所在，卓越投资人对未来的趋势比一般投资人知道得更多。也就是说，你的胜率是最关键的因素。

2）你即使知道概率，也无法"确切"知道未来具体会发生什么。你还是有30%的概率会输，而且不知道具体哪一次输，哪一次赢。

3）对于投资这类"赌局"，理论上你只要有50.1%的优势，并且形成下注的连续性，就有机会实现接近于百分之百的收益。在资本市场中，赔率首先是很难预测的，其次，赔率可以通过止损或者止盈的手段人为控制，那么如果赔率是1的话，也就是说做出判断以后亏钱和赚钱的幅度是一样的，那么胜率大于50%就相当重要，只要你能够达到50.1%的正确率，那么在多次的投资实践中，投资人的收益也可以达到100%。

需要注意的是，根据凯利公式，在投资实践中，即使你有90%的把握或者说获胜概率，获胜后取得的回报也很高，亏钱的概率也可控（意味着赔率也很高），算下来期望值也非常有吸引力，但是在随机性的作用下，你也可能落入那10%的失败区间里。避免永久性损失，永远是投资人第一要考虑的事情。即使你有90%的胜率，赔率高达

10%，凯利公式也会告诫你不要押上手上的全部筹码（all in）。因为胜率高达90%，意味着你仍然有10%的可能性输掉。

凯利公式在投资中应用的例子

克劳德·香农通过运用凯利公式，从20世纪50年代到1986年，其投资组合的年收益率大约为28%。香农告诉我们，聪明的投资者应该了解自身的优势，并且只在有优势的机会中投资。"在我看来，重要的数据并不是过去几天或几个月里股价如何变化，而是过去几年里公司收入发生了什么变化。"

避免血本无归的唯一途径是将投资多元化。如果将赌注分别下在每只股票上或购买指数基金，至少可以在付出交易成本外获得平均收益。如果想要打败市场，就必须具有他人所没有的优势，要洞察购买哪些股票才物有所值。

爱德华·索普是一个成功的案例，他掌管的普林斯顿－新港合伙公司保持了19年完全意义上的全垒打，其投资组合收益率在扣除各项费用后达到年均15.1%，而同期标准普尔500指数的年均收益率只有8.8%。索普极力推崇凯利体系。索普说他在运用凯利的思想时几乎不需要精心的计算。他可以快速推测从而确定一个资产配置正好处于凯利限制之下。

他认为，凯利体系是一种关于资本管理的数学理论。正是由于运用了凯利体系的原理，索普的数牌策略才避免出现破产出局的情况。凯利体系保证了索普数牌策略能够百战百胜，这是开天辟地的第一遭。凯利公式要求把所有赌注都押在"确定性的东西"上。索普有时会把基金 30% 的资产都投到单笔生意中。最极端的情况是，他把基金资产的 150% 都投入到一笔"确定的"交易中。索普说，在采取着这些大胆的手段时，一个最现实的测试方法是"晚上是否能够睡得着"。如果他觉得自己实在感到困扰，就会缩小投资的规模。

高周期性投资：胜率是多次反复磨炼出的能力

高周期投资的过程中，其实就是不断找到胜率和赔率更精确的值，所以对于一个下注高手而言，某一注的输赢，对他而言都传递了一样价值的信息。

高周期类的投资就是一个通过多次重复理解宏观因素所传达出来的信息，把握周期的规律，从而构建的投资人投资体系，理解胜率、赔率和资产配置之间的关系，进而把握投资机会。

所以，有以下三点需要着重把握。

1）即使对当前宏观周期有特别大的把握，对于本轮行情有很大的期待，对于下行的风险有更多的情景假设，以及对于损失的概率都已经做了各种假设估计，以至于最坏的情景出现的概率微乎其微，但是仍然要合理地配置仓位，因为，最坏的情景仍然可能发生。

2）胜率是最重要的因素。情景分析作为高周期性行业的投资工具，在这方面的经验十分重要，是投资成败的核心要素。

3）重复验证是提高胜率的重要方式。危机、周期的变动往往都要经历一个过程,而这需要时间。在高周期性行业积累的经验,来自每一次周期的切身感受。在经受过多个周期的考验后,对于宏观情景的模拟成功的概率就会有所提升。因为经过多次重复验证的最优仓位选择才更准确,所以,不能轻易地"浪费任何一次危机",因为那往往是周期的转折点。

第10章 宏观情景分析：抓住"下网"高周期性行业的时机

情景分析法的由来

一种在高度不确定性环境下进行决策的工具
- 1. 二战时期最先由美国军方使用 — 进行国防预算的决策
- 2. 荷兰皇家壳牌公司20世纪50年代利用此方法预测石油周期

描绘出未来情景需要的能力
- 1. 强大的洞察力 — 未来可能发生什么
- 2. 准确的判断力 — 哪些会发生，哪些不太可能发生
- 3. 细致的观察力 — 把握微观世界的变化
- 4. 对宏观的深刻理解 — 历史，现在与未来
- 5. 自我修正的能力 — 不断磨合现实与预测间的偏差

凯利公式与宏观情景判断：胜率与赔率

- 1. 胜率 — 胜率 = 成功的概率 = 成功的总次数 / （成功的总次数 + 失败的总次数）
- 2. 赔率 — 赔率 = 获胜时的盈利 / 失败时的亏损
- 3. 凯文凯利公式 — $f^*=(pb+b-1)/b$

  p 为胜率，b 为赔率，f^* 为最优下注比例

凯利公式在投资中应用的例子

- 1. 克劳德·香农 — 从20世纪50年代到1986年，年均组合收益率28%
- 2. 爱德华·索普 — 连续19年，扣费后收益年均15.1% 同期标普500指数年均收益率8.8%

高周期性投资：胜率是反复多次磨炼出的能力

三句箴言
- 即便对宏观有特别大的把握，最坏的情景仍有可能发生
- 胜率是最重要的因素
- 重复验证是提高胜率的重要方式

第 11 章

掘金泥石流：建立在商业模式优势之上的渔网

好的商业模式是企业背后的动力

巴菲特曾经说，"芒格能比世界上任何人更快、更准地分析和评估任何一项交易。他能在 60 秒内看到所有可能的缺陷，是一个完美的合伙人"。芒格认为，要判断一门生意是不是好生意，就需要问目前这样的局面能持续多久。"我只知道一种方法来回答这个问题，那就是思考是什么造成了现在的局面，然后去弄明白造成这些结果的动力多久后将不复存在。"

好的商业模式就是芒格所说的动力，即什么让公司发展到现在，而且这种动力能否稳定地存在。

我们这里所说的商业模式是建立在定位和战略之上的，是公司持续保持竞争优势的动态闭环循环系统，最简单的表述就是亚马逊的"飞轮"，而经营模式和盈利模式是商业模式的一部分，而不是商业模式本身。

定位，目标是改善客户体验；战略，是一种从全局考虑，谋划实现全局目标的资源配置规划。所有的公司都有定位的考量，因为这是一家公司生存的基础。定位不清，不能有效给消费者传达精准的信息，导致的后果就是公司在消费者心目中模糊不清，最终很难实现长久的发展。很多公司一开始都有清晰明确的定位，但随着公司的发展以及行业的变迁，公司逐渐地"失焦"，往往这也是一家公司走下坡路的开始。对于消费类公司，定位尤为重要。营销方面，精准的定位往往能够起到事半功倍的效果，尤其是对于消费类公司的"长跑"项目，如果一开始定位准确，意味着未来几十年甚至上百年的资本开支方向，决定了这家公司能够跨过代际和国际人群消费习惯的"篱笆"，具备长期增长的能力，这也是我们在滚雪球类公司中重点关注的内容。

从芒格对可口可乐的分析可以看出，定位更像是一艘战舰的舵手，本身并不参与拼杀，而是时时把控方向，如果炮手、水手不能执行到位，再好的舵手也很难为取胜贡献力量。

更为重要的是，一个行业的定位往往雷同，虽然各公司的战略、商业模式、盈利模式等差异很大，但是定位方向往往一致，往往都定位在该行业最佳的发展方向，就像饮料都在碳酸饮料、饮用水和果汁这三项布局，定位的方向往往也都基于解渴、功能等核心诉求。鞋的核心定位大多是运动系列，尤其是青少年的核心客户需求。定位往往不仅是竞争力的来源，更是各家公司的竞争后能够保持在最佳赛道的结果体现,我们在第 7 章中提到了一些通过定位差异异军突起的国产品牌,我们也注意到了"国潮兴起"的新趋势,这也是定位带来的短期竞争优势,需要在未来真枪实弹的竞争过程中证明其差异定位的优势是否获得了成功。

战略是一家公司资源的配置策略,战略的核心在于资源配置。我们认为战略跟商业模式虽然表面上都是公司战略方面的决策,应保持竞争力的核心能力,但其实质还大不相同。无论是波特五力分析还是规模优势和差异化竞争战略,战略及战术都是基于当前资源(如资金资本、人力资源等)的配置,但是商业模式以及其内含的经营模式和盈利模式是一个循环加强的系统过程。

静态来看,一家公司合理配置资源和能力,在一段时间内可以取得竞争的优势。从长期看,商业模式是公司保持长期持续竞争力的内在动力,具有鲜明商业模式的公司在未来增长的道路更为清晰。

商业模式的设计表现在把资源按照一定的逻辑重复配置,把定位、战略及战术和战略控制目标形成亚马逊的"飞轮"闭环系统,这个"飞轮"就是商业模式。亚马逊从上市到现在近 30 年,其在线零售业务就是周而复始地转动"飞轮",逐渐地拉开了与竞争者之间的差距。

商业模式是一个动态加强定位和战略及战术的系统,不同定位和不同战略的公司形成的商业模式也是各种各样的,但评价一个有效的商业模式的核心在于它是否通过动态循环加强了战略实施的效果,从而加强了定位有效性。

商业模式识别：有比没有好

定位、战略、战术以及商业模式、盈利模式和经营模式，往往对于投资人来说，看起来很重要，但是实践中很难量化和把握。定位差异化不一定能够带来竞争优势，往往是弱势品牌差异化的结果，但其有效性要在惨烈的竞争中才能被验证，强势品牌即使在此后的五到十年推出细分品牌，仍然可能对定位差异化的公司形成覆盖性打击，这就是消费品强者恒强的逻辑。

战略、战术更加虚无缥缈，每家公司都致力于自己所看重的优先事项，但效果需要从市场占有率等诸多指标中去衡量，其实也相当于整体衡量一家公司竞争力。

但是，商业模式具有鲜明的特征，往往能够被观察到，使得投资人在一开始就可以看到领先者在商业模式上独特的优势。我们可以通过观察从无到有和不同维度的商业模式差异，锁定具有商业模式优势的领先公司。

实际上，不是每一个公司都有商业模式，在某些行业内，即使居于领先地位的、具有强大品牌竞争力的公司都没有鲜明的商业模式，而具有鲜明的、可复制、动态循环加强的商业模式就是竞争优势。

以餐饮行业为例，我国是餐饮行业的大国，每一个省份、城市乃至每一个菜系都有著名的强有力的餐饮企业，有些公司经营多年甚至上百年，区域内竞争力非常强。可以说，我国这些餐饮企业无论从定位、品牌影响力乃至战略、战术的配置都是一流的，但从公司价值来看，我国上市公司里餐饮类的上市公司并不多，鲜见的几家在不到

20年内就纷纷改名换姓，说明餐饮行业由于其个性化的特点以及规模不经济的原因，规模扩张后很容易陷入困境，而且行业内缺乏持续的商业模式来支撑公司长久的持续增长。

以麦当劳为例，定位是及时、卫生、低成本满足餐饮需求，战略是品牌战略，强化消费者识别，流程标准化，用机器替代厨师，满足快速、卫生的客户核心诉求。商业模式是连锁化，从而带来规模效应、成本下降和广告效应这些战略的核心指标的优化，进入正向循环的商业模式，也衍生出了房地产的盈利模式，收入也多元化，进一步增强了公司的竞争力。麦当劳给我们的启示在于，那些很难实现持续且完整商业模式的行业，通过标准化，品牌化等方式可以实现商业模式领先，从而实现公司价值创造。

我们关注的商业模式是"飞轮"结构，即在一个行业内，不同公司采取截然不同的推动竞争优势的模式，在餐饮行业，连锁就是一个与其他公司不同的推动定位。连锁形成的过程中，公司资源投向品牌战略，形成低成本，高识别度的战略制高点，也形成了商业"飞轮"的动力，随着一家麦当劳发展成为几千家店，每一家新设的公司都加强了这个循环的快速循环，从而形成同行业难以企及的竞争力，因此，商业模式是麦当劳竞争力中非常重要的支柱力量，甚至要远高于流程标准化、产品本地化等作用。在可验证的长期竞争力的基础上，房地产经营模式是水到渠成，而不是本末倒置。授权经营、加盟模式都是连锁经营模式的扩展方式，构成了麦当劳核心的建立在商业模式基础上的竞争力，因此，从投资的角度看，麦当劳是一家靠商业模式取胜的公司。餐饮行业规模庞大，但在商业模式上成功的公司凤毛麟角，火锅店也具有商业模式公司的特征。

在这里，连锁的商业模式就是一个动态循环系统，其主要作用在于动态强化了战略执行效果，使企业进入正循环。而传统的餐饮企业仍然陷入"一扩张，即亏损"甚至品质下降的漩涡不能自拔，只有火锅店等少数餐饮企业正在走向连锁商业模式的正循环中，在这个个性化特征明显、高度依赖厨师等个性资源的行业中，实现了商业模式本身就是一个难得的成就。

"轻资产"商业模式：经营模式推动"飞轮"转动

商业模式在其内含的经营模式和盈利模式方面的创新，也可以使得整体商业模式的"飞轮"转动得更快，快鱼吃慢鱼，快速复制经营模式能够创造竞争优势。

万豪国际酒店集团（简称万豪）的品牌输出"轻资产模式"就是一个典型的例子。作为拥有 30 个品牌和近 6000 家酒店的全球最大酒店公司，万豪享誉全球，追求纯粹的"轻资产"品牌输出为特点的连锁化商业模式。

万豪的前身可以追溯到 1927 年，已故的约翰·威拉德·马里奥特（J. Willard Marriott）与爱丽丝·马里奥特（Alice S. Marriott）在美国华盛顿创办了一家小规模的啤酒店，起名为热卖店（The Hot Shoppe）。1929 年 7 月 10 日，万豪以"热卖店"的名称正式在特拉华州注册公司。1953 年，公司 IPO 上市。万豪首家酒店于 1957 年在美国华盛顿开业。在公司优质服务经营理念的指导下，并以早期成功经验为基础，酒店业务得以迅速成长。此后，万豪分别自创了一系列优质酒店品牌，万怡酒店（Courtyard）、JW 万豪酒店（JW Marriott）、万豪套房酒店（Marriott Suites）、Residence Inn 和 Fairfield Inn 相继问世。后来对丽思卡尔顿酒店、万丽连锁酒店（Renaissance）、新世界连锁酒店（New World）以及华美达国际连锁酒店（Ramada International）的收购，使得万豪成为全球领先的酒店管理集团。

20世纪70年代，原万豪集团和多数酒店集团一样，靠自建酒店来扩张。但在石油危机期间，银行贷款利率暴涨，企业的资金链非常紧张。为了获取扩张所必需的金融资源，公司迫切需要将固定资产所束缚的现金流释放出来。这些固定资产尽管能够为企业带来一定的资产升值收益，但同时也限制了公司的品牌扩张，并使其面临高财务杠杆下的债务危机。原万豪集团将所有酒店资产剥离给新成立的万豪地产，并进行资产证券化包装以释放、回笼现金流。

原万豪集团在1993年将业务一分为二，万豪地产（Host Marriott Corporation）和万豪国际（Marriot International）。公司结构进行重组后，万豪国际与万豪地产分别以轻资产和重资产的模式进行发展。事实证明，这种经营模式（商业模式内含的部分）的变革极大地推动了公司发展，使其连锁、品牌等"飞轮"飞速转动，在不增加负债等财务负担的情况下，以快于同行的速度进行品牌连锁复制，成为行业的标准商业模式。

万豪国际几乎不直接拥有任何酒店，而是以委托管理的方式赚取管理费收益。两家公司各自经营良好，万豪国际在直营的同时，开发了特许业务；万豪地产不仅证券化了万豪品牌下的资产，还开始为喜达屋（Starwood）等其他酒店品牌处理固定资产。

万豪地产仍然和兄弟公司万豪国际保持着紧密联系。万豪国际管理着万豪地产61%的自有酒店，以及万豪地产从酒店业不动产信托（HPT）处承租的53家万怡酒店。除此之外，万豪国际还帮助万豪地产的JW万豪酒店提供融资，以及为个别城市和地区分支提供有限的行政服务。

万豪的"轻资产"经营模式、商业模式的创新，其核心在于"快"，类似这样的轻资产经营模式在其他重资产行业还有很多，管理品牌输出、重资产证券化的逻辑使经营能力和资产负债能力分离，重构了行业的经营模式和商业模式，也改变了行业的竞争格局，取得了长期的竞争优势。

虽然从表面来看，一段时间内这类公司的收入和利润并不占优势，但从长远来看，其商业模式的优势慢慢显露出来，往往后发先至，具有强大的竞争力。在这类很难标准化运营的行业内，投资人可以通过研判其商业模式的特点，发现在商业模式上有特点的公司，从而识别其长期的价值创造能力，提前锁定胜局。

高维打击低维：商业模式代际差

我们可以看到商业模式公司的一种优势，即在相同环境下同一行业的公司，由于其定位不同，其竞争战略和商业模式千差万别。以零售行业为例，同样是定位于满足客户购买商品的需求，不同公司的定位、战略和商业模式各不相同。沃尔玛的经营定位是，通过倡导低成本、低费用结构、低价格，让利给消费者；COSTCO的定位是低价提供高品质商品；亚马逊的定位是，为买家提供优良的服务。从以上公司的定位差异可以看出，虽然同属零售行业，沃尔玛的核心诉求是低价，COSTCO的核心诉求是性价比，亚马逊的核心诉求是服务，即购物体验。

从战略来看，三家公司在资本及人员投入的侧重点上也有不同，沃尔玛的低价格来自低成本，而低成本则来自规模化采购和高效率的管理。美国零售店运销成本占销售额的比例一般为5%，商品损耗率为2%，而沃尔玛的商店相应的数字为1.5%和1.1%，沃尔玛的经营成本总额占零售额的15.8%，而世界绝大多数零售企业的经营成本都在40%左右。沃尔玛在物流、数据库甚至卫星等资本投入使其在保持低价方面建立优势。因此，其商业模式围绕低价，一站式采购定位，战略上选址在交通方便、成本低的郊区，资本投入到高效率的基础设施上。

亚马逊的价值定位诉求跟沃尔玛完全不同，它强调的是低价基础上的购物体验，购物体验跟低价是完全不同的定位，在战略方向上除了强调物流、云服务等基础设施投入以外，更加强调以大数据、数字化与场景方面的建设，其中商家与平台、平台与客户、客户与客户的互动场景，购买体验是核心竞争优势驱动公司发展。因此，其商业模式是以规模、高效和数据为核心体验的商业模式。亚马逊商业模式可以概括为数字化驱动的平台战略，所有客户和供应商形成复杂的信息交流模式，而这些信息模式可以创造价值。

COSTCO的商业模式跟沃尔玛基本类似，都是大规模的连锁商业模式，不同点在于其定位与盈利模式不同。COSTCO并不在商品本身盈利，而是定位高质量的同时享受低价，品种少是这种定位在战略上的一个短板。盈利模式改为会员制，有利于在对价格不敏感的客群创造消费者剩余，但如果没有定位上的差异化以及强大的规模和基础设施的支持，仅靠会员制是无法跟强大的沃尔玛竞争的。

如果比较连锁经营和平台经营这两种商业模式，商业模式上显然有优劣之分，甚至可以说是纬度不同的物种之间的竞争。亚马逊这种平台型的商业模式具有强大的竞争力，它的发展更类似于病毒的传播。病毒很小，但同时很强大，它可以以很低的成本快速传播，而传播后被感染的人又加强了它的能力，使其更为强大；它还可以变异，当不适应传播时，大数据、人工智能使得其具有快速调整的能力，变异后的病毒更为强大，很短时间内整个系统全部变成了新的变异病毒的样子。

亚马逊更像鲨鱼，一只鲨鱼的力量就已很强大，有"沃尔玛方圆五公里死亡圈"的说法，相同或者类似商业模式或者商业模式更简单的企业无法生存。全球拥有11 348家店的沃尔玛形成一群更可怕的、处在食物链顶端的鲨鱼群，这种鲨鱼群的商业模式基本称霸零售业62年，这种商业模式显然具备强大的竞争力，但是，面对亚马逊病毒式的商业模式，食物链顶端的海洋霸主也已显露出在商业模式进化上的劣势，未来显然亚马逊更具优势。

病毒式的平台商业模式VS.鲨鱼群的沃尔玛和COSTCO模式，从全球的趋势都可以看出，前者更具竞争力。它们之间的差别不是定位和战略战术的异同，而是商业模式的优劣之分。基于移动互联的病毒式传播的平台经济，已经显现出巨大的竞争力，从对决巴诺书店，到挑战沃尔玛，亚马逊都显示出强大的竞争力，它可以以更低的成本做到以客户的需求为中心，更加了解客户需求，也更容易获取新的客户，它们之间的差别是商业模式代际上的差别。

我们已经从更多行业观察到了这类变化，以移动互联为核心的商业模式正以疾风暴雨般的速度扫荡众多的行业。一家成立仅仅三五年的公司，采取移动互联的平台商业模式，短短几年就可以挑战百年公司，颠覆行业的格局，这在我们这个时代频频发生，这些病毒式传播的平台型公司是商业模式的新物种，值得我们特别关注。

同一维度的商业模式：不同生态的对决

商业模式创新发生在不同维度的竞争之间，基本属于高维打击低维，不同代际的商业模式优劣很容易判断。但同一维度上的商业模式需要结合产业环境，才能做出大体的判断。

鲨鱼群和病毒平台型的商业模式很容易形成商业模式的优势，这是由产业环境决定的。这是因为在零售行业中，供给方和需求方或者供给方和需求方同时形成局部或者全面的垄断局面，是零售行业容易建立商业模式优势而不容易被颠覆的原因。沃尔玛等传统零售行业的连锁＋会员的商业模式，很容易形成竞争优势，因为连锁规模化以后，庞大的客户群形成的采购能力对供应商形成优势，而某一地区的客户形成垄断效应后，对供应商就可以形成优势。另外，好的供应商数量不多，规模效应导致供应商跟零售商之间形成稳定的商业模式，很容易进一步形成垄断效应，尤其是在某一区域，垄断会加强领先者的竞争优势。

麦当劳所在的餐饮行业，形成标准化的商业模式、经营模式都比较困难，由于供给和需求两侧的海量市场，餐饮行业很难在供给和需求两侧建立起局部的垄断效应，而仅仅是单纯的规模效应，即只是简单的标准化管理后的品牌优势得以凸现。

台积电通过外部这种商业模式创新，事实上使产业形成了两种生态，一种是以英特尔为代表的芯片的一体化公司，从设计到制造到封装、测试一条龙全部涵盖，一方面，要满足客户的多样化需要，就需要一体化公司在个性化投入资源，发展多元设计能力；另一方面，制造环节是一个重资产投入的领域，每年需要数以百亿美元的投入以保持在制造环节的成本优势。从以上分析可以看出，这两种能力需要建立的商业模式循环系统是完全不同的。

从设计环节来说，需要公司定位于个性化且快速响应客户新需求。从战略上来说，就需要公司吸引一流的研发队伍，给予期权等激励措施保证一流的人力资源队伍，在硬科技的方面力求实现突破，由研发的技术领先保持公司的竞争优势。技术领先带来客户需求，客户满意度提升的同时进一步吸引一流的团队加盟，这是一个由研发主导的商业模式闭环。

制造环节的逻辑大不相同，制造的重资产投入是一个长跑过程，每年几百亿美金的投入是基础，才能保持在行业的领先地位，是典型的重资产行业。但资产的使用效率是核心，使用效率越高，其成本下降越快，越容易达到最佳的规模，才能保持在行业的成本优势。英特尔的内部一体化商业模式要求这两部分实现完美的统一，在设计上能够保证竞争优势，同时带动资产的使用效率提升，但一旦不同步，就可能带来竞争力的下降。因此，从英特尔的商业模式看，一体化的商业模式实际上设计和制造环节是两个商业模式，是两个闭环系统，需要公司保持高度的协调统一才能发挥一体化的优势。

从台积电的商业模式来看，它正是看到了统一的一体化公司在设计和制造环节的不协调，所以才把制造环节独立出来成立专门的"代工"制造环节。这样，制造环节就只需要考虑制造的资本，而无须受到设计环节的"掣肘"，而设计环节的公司也无须考虑制造的高投入，只需关注研发和客户，这样的商业模式创新就对一体化公司形成了事实上的威胁。

台积电与英特尔商业模式的差别，不是纬度上的差别，而更像是交叉的两个生态体系。两种方式都没有碾压对手的能力，只是解决问题的方式不同。哪一种生态体系更适应未来的竞争格局，取决于未来的环境。就像哺乳动物和爬行动物哪一种更适应生存环境，要看未来的气候等环境因素更有利于哪一方。从芯片行业来看，需求的多样化显然对英特尔是不利的，因为多样化的需求使得英特尔武装到牙齿的大军团失去了重点突破的方向，反而更加灵活的独立设计公司更容易抓住产业变动带来的机会。在20世纪乃至2010年以前，微软和英特尔的标准组合结构打遍天下无敌手，这种系统标准能力使得任何对手都无法通过规模和标准构筑的"护城河"。但是，随着手机的崛起，安卓的等新标准的确立以及最新的人工智能的大发展，世界已经从大军团作战转换成为快速变化的环境，技术的路径出现大范围漂移，使得以英特尔为代表的一体化公司疲于应对，甚至主动进入代工领域，2021年3月，英特尔宣布投资200亿美元进入代工领域，主动打开封闭的一体化商业模式，这也是一体化公司主动适应环境变化的一个举动。

放眼未来，类似芯片行业的商业模式之争还远未结束，不能说哪一种模式具有代际上的优势，而需要结合未来的产业环境加以判断，但毫无疑问的是，商业模式在企业竞争中起到了决定性的作用，投资人不容忽视。

长期价值：大象也可以跳舞

泥石流类型的公司是商业模式类型公司的另类存在，其商业模式带来的竞争优势可以长期保持。以苹果公司为例，创投公司洛克创投早期投资苹果公司资金 57 600 美元，估算应该占苹果 1.4% 的股权，1980 年苹果上市，这次市值投资达到 1400 万美元，增值 258 倍。另外一家苹果的早期投资人是文洛克创投，这家公司也投资过英特尔，1978 年，文洛克创投投资 28.8 万美元，占苹果 7.6% 股权，1980 年上市市值为 1.16 亿美元，三年增值 578 倍。对苹果的投资也成为文洛克投资最著名的投资，可惜的是该笔投资在几年以后就退出了。但如果从它们退出到现在，苹果公司的市值又上涨了近 2000 倍。

软银的投资彰显了泥石流类型的公司的长期投资价值这一特征，即使其规模已经很大，仍然具有跨界增长的能力。软银的创始人孙正义是日本国籍，软银的全称是软件银行集团，成立于 1981 年，其发行的第二只愿景基金软银新基金愿景基金，堪称地球最大的私募股权基金，基金规模达到 1080 亿美元，显然，这么大的基金规模就是为了大象级别的公司而设，而泥石流类型的公司增长极限仍是一个投资人关注的核心问题。

随着互联网及移动互联网的发展，在 20 世纪 90 年代末的兴起，泥石流类型的公司跟技术、专利、科学家、实验室等名词相距甚远，包括亚马逊、Facebook、Netflix、Paypal，以及我国的阿里、腾讯、美团、拼多多、抖音、爱奇艺等一大批公司都是基于互联网应用的公司，这些公司立足于互联网、移动互联网基础设施，通过创新的商业模式构建了新的商业生态，由于其处于新生态的中心平台位置而带来行业价值转移，新生态的内生发展以及外延扩张的能力驱动着平台公司价值的增长。近20年，商业模式类公司得以迅速增长，改变了购物、旅游、航空、电视、音乐、出版、出租车、酒店等众多行业。

泥石流类型的公司目前的规模已经很大，但是从收入增长率来看，仍然处在高速发展的过程中，这与我们此前熟悉的"大笨象"类型的公司⊖差别巨大。

可见，商业模式制胜的公司，尤其是我们定义的建立在移动互联基础上的病毒式传播的平台型公司，一旦其商业模式确立，就进入了超长时期的增长模式，苹果、亚马逊都是如此，大象也可以跳舞。

⊖ 这种公司往往规模较大，有很强的抗风险性，属于强防御性的公司。

第 11 章 掘金泥石流：建立在商业模式优势之上的渔网

好的商业模式是企业背后的动力

- 1. 商业模式的基础 — 定位和战略
  - 定位的目标：改善客户体验
  - 战略的目标：从全局目标出发的资源配置规划，实现系统闭环自增强
- 2. 形成动态闭循环系统
  - 如亚马逊的"飞轮"
  - 持续保持竞争力

商业模式识别：有比没有好

商业模式具有显性特征
- 易于被观察
- 可以辨识出是否具有独特竞争优势的潜力
- 可以从从无到有和不同商业维度进行比较

"轻资产"商业模式：经营模式推动飞轮转动

| 经营模式和盈利模式创新 | "飞轮"转得更快，创造更强竞争力 | 万豪酒店管理集团 |

高维打击低维：商业模式代际差

1. 病毒式的平台商业模式 VS. 鲨鱼群的模式
2. 亚马逊（线上）VS. 巴诺书店（线下）

同一维度的商业模式：不同生态的对决

同一维度下的商业模式要结合产业环境判断
- 沃尔玛 VS. COSTCO
- 英特尔 VS. 台积电

同一维度的商业模式：不同生态的对决

长期价值：大象也可以跳舞
- 万亿美元市值的苹果类公司已不再是人们印象中的"大笨象"
- 收入仍然保持高速增长

第 12 章

滚雪球的钓竿：消费趋势与品牌消费时代

把握人口结构变迁、收入增长和城市化进程

影响消费市场未来长期变动趋势的首要因素就是人口结构的变动。从联合国、摩根士丹利的研究表明，未来十年，中国人口结构要发生巨大变动，人口结构的变动将深刻影响消费市场的未来趋势，是需要特别注意的关键因素。

未来十年，我国人口结构的变动主要体现在人口老龄化趋势上，年轻人的数量大幅度减少，20~35 岁年轻人的数量将减少 21%。整体人口数量结构变动体现在，55~64 岁人口比重将从 2020 年的 12% 上升至 16%；65 岁以上的人口比重从 2020 年的 12%，将上升至 17%；综合来看，2020~2030 年 55 岁以上的人口比重将增加 9%，而 34 岁以下的人口在总人口的比重将下降 7%。这样的人口结构的变化将带来消费行业的巨变（见图 12-1）。

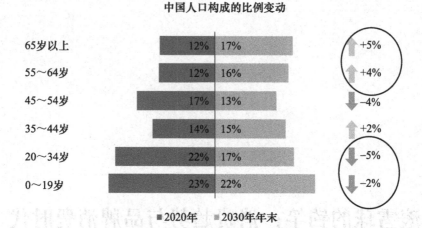

图 12-1　中国人口构成的比例变动

资料来源：美国国家标准局，联合国，摩根士丹利估算。

另外一个因素就是人均收入的继续快速增长和城市化的进一步推进。相比较美日欧 80% 甚至 90% 以上的城市化率，我国目前 61% 的城市化率仍有较大的增长空间。

品牌的集中度提升是消费品投资的趋势

滚雪球类型的投资，需要耐心的钓鱼者。滚雪球的投资原力源于对大消费公司长期趋势的把握以及对头部公司"护城河"竞争优势的深刻理解，以及对于产业在越来越快的科技、世界格局变动中保持稳定发展，而不会被外来公司颠覆的考量。

无论是白酒、空调还是汽车，从行业增长率来看，都已经走过了高歌猛进的阶段，进入了平稳增长甚至低速增长的阶段。消费跟收入的增长息息相关，而在越过了人均 GDP 10 000 美金的门槛之后，步入了中等收入国家，并迈向高收入国家的进程中，中国人均收入的增长速度和我国 GDP 增长的速度都会逐渐回归平稳增长的格局。但行业内整合的空间还是巨大的，以白酒、空调和汽车行业为例，最大的公司的市场占有率仍然不高，甚至有的还不到 20%，因此，行业仍然在向头部企业集中的过程中。

放眼未来，在巴菲特和芒格投资可口可乐的时候，美国的碳酸类饮料已经变成两强争霸了，行业整合的空间已经没有了，大家可以回想下芒格之问：在美国人喝可口可乐和百事可乐的时候，全球其他 100 多个国家是否可以接受这个口味？可口可乐是否能像在美国一样在全球取得成功，可以让全球近 80 亿人一天两瓶？

全球化和代际消费习惯是中国消费品价值提升的核心

从其他饮料来看，投资人在投资饮料行业的时候，核心的问题是全球是否能够有像可口可乐一样的公司，可以在全球范围内畅销；是否有一家啤酒、白酒公司可以持续增长，成为一国市场的主导者，同时又能够跨越国界，做到供应全球，这是消费服务行业核心的投资原力，需要对于产业有深刻的理解能力。

消费增长的天花板，涉及全球不同种族、不同民族、不同宗教、不同文化习惯等人口消费的长期趋势，虽然短期内这些消费的习惯是确定的，但从长期来看，其变化往往是颠覆性的。马化腾在评价消费习惯改变的时候曾经说道，在 QQ 和 MSN 时代，QQ 是休闲娱乐的应用，MSN 是工作用的工具，但后来 MSN 关闭了。自从微信出来以后，QQ从大众应用工具现在逐渐蜕化成为小朋友和工作的人最爱的社交软件，大量的人群转移到微信以后，新生代的用户使用QQ则会更多一些，原因只是因为他们不想跟他们父辈在一个群里聊天，让他们的父亲母亲看到他们的朋友圈。这就是代际之间消费习惯改变的例子，而商务人士看重的是QQ的文件传输和存储等能力，这样的例子还有很多，一个品牌能够保持100多年经久不衰，能够跨越几代人的消费习惯改变的趋势，是非常困难的。从不同代际的人来说，内生的就有改变消费习惯的动力，为了彰显个性，就使用与上一代人不同的产品。

中国跟美国、日本、欧洲对于审美的观点有很大不同，亚洲人的审美观点、饮食习惯跟欧美差异还是比较显著的，这也造成了中国的一些品牌在国际化进程中面临挑战，成功的公司不多，大部分都还是仅限于一国的市场，这也从一个侧面说明消费品的长期趋势是很难把握的，必须对行业有非常深刻的了解，并且耗费数年来观察这种判断是否正确。

因此，滚雪球的投资人就像"孤舟蓑笠翁，独钓寒江雪"，必须有对于行业长期的洞见和坚韧的信念，短期钓不到鱼也不能放弃，要静等鱼来，投资原力的鱼竿不是短期把握趋势能力，而是远见。

人和团队是消费类公司的核心驱动力

相比周期性行业，消费类公司对创始人和核心团队的依赖是一个显著的特点。董明珠、钟睒睒、宗庆后、俞敏洪、王石等明星企业家背后都是一个行业龙头企业发展壮大的历史。这些企业家往往就是企业的创始人,在激烈的竞争中把一家公司从零发展壮大,成为行业霸主。由于中国消费品市场的快速变化,品牌是在一个高速更新换代的产业发展,中国改革开放40年,大大泡泡糖、健力宝、巨能钙、乐凯胶卷等一系列国产品牌曾经红极一时,又都从巅峰上跌入尘埃,在唏嘘之余,作为投资人也能充分体会中国消费品市场变化速度之快,潮流和趋势瞬息万变。中国消费品品牌公司面对迅速扩张的消费市场和庞大的消费增长潜力,随时都可能错失发展机会,押错潮流方向,在湍急的河流中翻船。从投资的角度看,剩者为王,能够一直屹立潮流不倒的公司一个共同特征就是几乎都有一个灵魂人物,以及由这个灵魂人物构建的稳定的核心团队,即使该核心团队主要由家族人员构成,仍然是公司发展的核心支柱。企业家以及企业家精神在消费类公司中表现得淋漓尽致,主要归功于企业家对行业发展趋势的洞察力和对于公司战略的制定和执行,在中国投资消费品行业,企业家的能力是识别公司发展前景的非常重要的指标。

这也在一定程度上意味着,目前中国投资者投资一家品牌为核心的企业也就是投资一个企业家的核心能力,就是对于企业家投的赞成票,相信企业家能够带领公司在未来的发展过程中继续无坚不摧,长期的持续创造价值。

还有一类消费品品牌公司,其品牌历史悠久,并不是由当前的管理层创立的,但其悠久的历史和在消费者认知中的地位是根深蒂固,具有非常强的市场竞争力。这样的公司跟欧美市场上以职业经理人为核心的品牌管理团队更为相像,当前的管理者更多的是继承和发扬前人在品牌塑造的成果,并且在新的时代能够进一步给予品牌更多的内涵,以适应当前时代新的竞争环境。在这样的公司里,创始人早已不再是企业经营的核心，职业经理人对公司品牌理念的理解就显得尤为重要，投资人也需要更多关注公司的发展的趋势。一个能够占据市场优势地位的消费品或者服务品牌，在消费者认知中已经有了非常强势品牌识别度和市场定位，其公司的战略和组织架构都是围绕着品牌的战略定位来布局的，但我们也会发现，在不断变化的动态的市场竞争中，消费者口味、潮流的变化是日新月异的，即使拥有百年历史、强大市场占有率的品牌公司，其管理层仍然面临巨大的挑战，需要不断去应对变化的市场。投资人需要跟管理层一起理解公司战略定位并调整理念和思路，像CEO一样思考，有些战略成功了，但也有一些战略失误而导致企业错失了发展机会，投资人在具备消费趋势的洞察力的同时，还需要评价公司品牌战略的能力，才能及时观察公司是还在持续创造长期价值的道路上，还是已经滑向失落的深渊。

由此我们可以看出，由于管理层的重要性，尤其是对于创始人还在位的消费品公司，管理层的代际交替成为品牌消费品一个独有的风险因素。老一辈打天下的企业家通过大量的实践、多次的失败锻造了掌控公司发展大方向的能力，同时也汇集了一批管理人员，从而使公司发展在正确的轨道上。但改革开放40年后，这一批的企业家大部分都到了退休的年龄，有的已经超龄"服役"多年，在把管理权限向下一代新的领军人物传递的过程中，虽然很多新一代管理者早已介入公司的实际运营，跟老一代的管理层之间学习和锻炼后也早已进入管理层的角色，并且掌握了往往新一代的知识结构更新，视野也更加宽广，更加全球化。但是，中国的品牌竞争可以说已经进入了全球化竞争的环境，全球知名的品牌在中国市场上跟中国本土的公司同台竞技，管理层之间的权力交接是目前我国消费品公司面临的一个集体性的、共同的风险,需要格外加以重视。相反,职业经理人管理的品牌公司,虽然并没有代际传承的压力,但是,管理层的稳定性仍然是一个左右上市公司价值的核心因素。由于消费品品牌的可塑性很强,一个核心灵魂人物就意味着一个新的经营理念,而这些理念都有待市场来验证,即使是已经有了上百年历史的传承悠久的品牌公司,管理层尤其是董事长、总经理、营销总监等核心人物的变动对品牌公司来说也都值得关注,新的经营策略都需要仔细跟踪观察,以确认公司的发展趋势。

财务指标要结合公司基本面因素综合使用

很多投资人会非常关注消费类公司的财务指标,通过同类型甚至不同行业公司之间的毛利率、净利率等差异来说明白酒、饮料、调料、食用油之间的价值的差异。虽然毛利率能够在一定程度上说明公司经营能力的高低,对于同一行业的公司而言其参考价值更有所提高,但不能高估财务指标的作用。

就以毛利率为例,毛利率高并不一定代表公司的盈利能力强,更不能以此推断公司的竞争力强。以化妆品为例,毛利率高很可能只代表其定价不同,并不一定代表其经营能力的高低。高端化妆品定价高,自然毛利率就高,但企业净利润率高低除了取决于毛利率的高低以外,还有销售费用率以及管理费用率指标。相比较而言,高端化妆品为了维持高端形象,每年都需要在广告及销售渠道上投入巨资,这就一定程度上降低了企业的净利率。而一个立足本地市场的低端化妆品,由于其基本没有广告投入,人员少管理层级少,管理费用低,虽然毛利率很低，但是净利率反而可能更高。所以，毛利率高低也许只体现了不同产品定位的不同，并不代表公司的盈利能力，更可能跟公司长期价值创造能力毫无关系。

比较不同行业毛利率，就得出行业价值优劣的结论，这一结论根本无从谈起。高端白酒、瓶装水、调料和食用油属于完全不同的市场，每一个市场都有其固有的竞争特征，高端白酒属于非必需消费品，甚至有些有奢侈品特点，高毛利、高费用率、低周转率是奢侈品行业共同的特征，并且由于面向金字塔顶端的人群，占有率高的单一品牌的商品，产销量和增长率受到目标人群收入、消费习惯等制约。瓶装水表面看毛利率很高，成本更多体现在了瓶上，但是，即使最大的瓶装水品牌也没有轻易提升价格的空间，面临众多品牌的"红海"竞争。因为一旦瓶装水提高价格，就不再处于主流的消费"赛道"，而是进入咖啡厅、酒店消费等奢侈品专卖渠道，也就意味着失去最广大的市场，所以，品牌最强、市场占有率最高的瓶装水品牌净利润率并不高，只有这样才能满足其在激烈竞争中的优势地位。至于调料和食用油本身作为必需品，消费者每天都要消费，是消费者物价指数（CPI）的重要组成部分，消费者可以不喝酒、少喝瓶装水，但是不能不吃调料和食用油，因此，消费者乃至政府相关部门对于其价格更加敏感，这就注定了这类商品的毛利率要远低于高端白酒和瓶装水的水平，这类公司在低价、品牌知名度这两方面保持平衡，建立市场地位，由于其低毛利率的特点，并不会吸引更多的竞争者加入，低毛利本身对于公司在行业的品牌竞争力就显得尤为重要。

通过以上分析我们可以看到，简单地比较毛利率或者某一个单一指标来识别公司长期的价值创造能力是不准确的，有时候甚至是南辕北辙，反而得出完全相反的结论。财务指标是一个公司经营结果的历史记录，往往具有"向后看"的特征，而前瞻性的公司创造的价值，需要更多结合公司经营的定位、战略、人员等情况综合判断。不同的行业品牌消费品由于定位不同、竞争激烈程度有差异、商业模式不同，以及受到新兴的新渠道的影响不同，不可简单比较，同一行业的公司比较更有参考意义。

更为重要的是，同一公司纵向的财务指标比较更具有分析上的意义。无论是竞争环境变化还是公司经营战略的调整，都将反映在公司定期的财务数据上，纵向比较不同时期的公司经营财务数据，会发现公司价值创造能力变化的线索。品牌消费品的外部环境虽然处在变化之中，但是这种变化更多表现为一种渐进式的趋势变动，基本上被一种能够被察觉但是不易确认的变化所主导。公司的经营者就是根据在大部分时间并不剧烈的变动提前做出反应，有时候能够准确地应对，有时候却会反应过度，不同反应形成的结果也大相径庭。

如果外部环境一直在渐进式地向不利于品牌消费品现有定位的方向发展，而管理层认为这种变化是短期的，或者是阶段性的，不需要积极应对，只要保持原有的品牌定位就可以轻松应对，那么管理层就在犯一种这个行业经常发生的错误，即战略定位过时。以不变应万变，财务指标就会逐渐呈现出不利于公司的坏趋势，比如销售周转率下降，库存上升，净利率下降等。这种变化往往也是缓慢的，很难跟其他的影响销售变现的原因（如个人收入变动，甚至是天气的等偶发因素）严格区分开。但是，随着时间的推移，如果趋势已经出现了危及经营的重大信号，留给管理层改变的时间就已经不多了，而管理层的仓促应战很可能导致公司业绩继续下滑，从而进入负向的循环，很多品牌最后无力回天,被市场淘汰。所以,如果投资人一直跟踪公司的财务状况,综合考量公司毛利率、销售毛利率、管理费用率、销售周转率、库存周转率、负债率等核心指标以及它们之间的钩稽关系,就可以建立一个公司的财务状况的"体检表",从而更早或者跟管理层同步理解行业和公司出现的挑战,事先就可以做出准确合理的投资决策。

当然,现实的世界不会这么简单。管理层都是行业的行家里手,不会坐视行业趋势变化而无动于衷,由此产生的管理层的战略动作,使我们无法简单通过跟踪财务指标来判断公司状况。行业正在发生翻天覆地的变化,这种变化对于竞争对手有利,而对公司多年积累的品牌定位不利。这时,管理层如果主动出击,加大营销方面的投入,或者推出针锋相对的子品牌来应对竞争对手的挑衅,毛利率、净利率或者销售利润率等历史财务指标会出现大幅度的下降,而这种下降恰恰说明公司管理层在积极应对,这种下降跟上文中滞后反应导致的财务指标下降含义是截然不同的,需要区别对待。在积极应对的前提下,我们可能在不远的将来就会发现当前投资或者费用大幅度飙升带来的长期效果,当然,这个效果有待观察,需要持续的跟踪。

不结合公司的经营活动以及行为,简单地分析财务数据是远远不够的,甚至可能导致得出完全相反的错误结论。因此,过分强调静态的财务指标,把公司当成一个冷冰冰机器拆解是不对的;相反,应该看到,任何一家公司都是处在持续变化的环境中参与激烈竞争的一个活的生物体,像人一样,过去的辉煌只能代表过去,今天的行为才是未来结果的原因,今天的蓄势以待往往意味着未来的一飞冲天,而今天的万众瞩目、鲜花掌声也往往预示着可能的危险。

更重要的是，很多决定公司核心竞争力的因素，比如首席设计师跳槽到竞争对手公司，核心领导人退休或公司实施多品牌战略等变化短期无法体现在财务指标上，长期也不会显示出一一对应的指标，所以在使用财务指标判断一家公司的时候，要尽最大可能性跟公司的经营相结合，尤其是识别决定公司未来核心的前瞻性因素，长期跟踪、对照财务指标才能把握公司的长期发展趋势。

认知的认知：突破第一层认知的围栏

品牌消费品由于其透明度高，龙头企业垄断能力强，使得投资人对于该类投资的认识门槛相对比较低。基本任何投资人都可以跟你侃侃白酒，但是很少有人随便就可以聊聊靶向治疗药物，大部分投资人对于芯片也只是略懂皮毛，真的要详细讲讲行业内在的技术细节，对于大部分投资人来说还是相当困难的。即使是化工、农业种子这种行业，其技术门槛也相当的高，不花费一定的时间很难掌握内里乾坤。

品牌消费和服务公司，基本都是我们身边的公司，很多投资人都有切身的体验，吃的火锅、喝的瓶装水、请客的高端白酒，都是日常耳熟能详的消费品，每个人基本都有自身的看法，不同人对于公司的看法虽有不同，但基本上也大同小异，容易达成一致预期。最明显的是高端白酒（我也是白酒的重度消费者），此前不同的人应该说偏好口味还是五花八门，各地也有各地的主打品牌，但是随着资本市场的演绎，无论从酒桌上还是资本市场，对于白酒的看法趋于一致，基本趋向认为龙头天生，天赋异禀。

品牌消费品的认知门槛低、容易达成一致的特征给投资带来好处在于高认知度下的"抱团现象",无论是机构还是个人,基本都有标配的一只或者几只品牌消费品股票。然而,挑战在于品牌消费品长期处于价格的高位,很难找到低位建仓的机会,那么也就很难取得超额回报,甚至一不留神建仓在高处,一次回调就会出现损失,需要很长的时间才会"修复"。

基于以上的特征,对于品牌消费品只简单强调认知能力是远远不够的,因为基于现有认知做出的逻辑判断,即使增加再多的信息也只是对当前判断的确认。很多投资人投资了白酒,从此就开始了解酱香、浓香各个系列,深挖各种酒的历史传承,对各种香型名酒如数家珍。专业投资人也经常远赴贵州,参观全流程的制酒工艺,在厂区门口数大车,等等。这些信息虽然增加了我们对于高端白酒的认识能力,但是仍未超出公司已经披露的信息的范畴,即没有对现有大部分投资人形成的共识具有"批判"性质的新增信息和逻辑,也没有发现更多对公司长期价值变动有意义的线索,更多的只是对于市面上流传的各种信息的验证,这种信息以及建立于此之上的认知没有办法创造价值,实际上更多的是投资人自我的心理安慰,好像严肃、认真地对待投资就一定会获得回报一样,天道酬勤的自我感动实际上跟投资本身无关。

从这个角度来说,在投资领域,投资人并不是越努力越应该得到回报,只有具有超出大部分投资人当前认知水平(尤其是一致预期水平)的认识,投资才有效果,这样的认知就是"认知的认知",认识到当前的投资人的一致预期是错误的,认识到基于错误的信息当前公司的定价是错误的,根据第二层认知的逻辑对当前错误的定价进行做多和做空的投资操作,最后,大部分投资人认识到,原有的预期过于乐观或者悲观，或者基于判断的数据本身就是错误的，结果只能是"惊喜"或者"惊吓"，市场矫正的过程就是第二层认知能力的投资人获利的过程。如果辛苦调研努力的结果没有"惊喜"也没有"惊吓"，跟公司和大部分投资人的说法一致，那么市场并不会给予这种一致的认知多少奖励，投资的效果自然大打折扣。

"惊喜"和"惊吓"才能创造价值。我们先从"惊吓"开始说起，有一类公司的商业模式就是建立在"惊吓"的基础之上的，这类公司被我们称为"做空机构"，像大名鼎鼎的浑水调研公司（简称"浑水"）就是其中经常创造惊吓并以此来赚钱的公司。浑水的创始人是卡森·布洛克，布洛克跟中国渊源很深，公司名字取自中国的成语"浑水摸鱼"。早在1998年布洛克就来到中国，他当年就在研究A股，半年之后他回到美国，后来组建了浑水。浑水的典型做法是先做空目标标的，然后揭露上市公司的虚假财报和欺诈行为，等到市场认可其判断并且股价大幅度下跌时，浑水平仓获利。

消费品公司由于其行业特征和其清晰可见的商业模式很容易看懂，消费者和投资人也容易在上市公司简单的财务经营数据基础上形成一致认知，但同时也给了浑水这种抠细节的公司大展拳脚的机会。浑水连续做空包括瑞幸咖啡在内的一系列公司，让投资人惊吓连连，在投资人遭受损失的同时浑水起到了提醒投资人投资风险的作用。即使目光敏锐的品牌消费品投资人，在进行投资的时候也需要建立在常识和细节上一再确认。当然，我们不能因为少数几家公司欺诈就怀疑一切，但是即使对于品牌消费品，也需要小心求证其经营细节，尤其对于处于初创时期，历史数据不多，投资人感知能力还不强的公司，更要谨慎。投资人在持续跟踪过程中逐渐积累细节数据和消费真实体验是一个不错的做法，在很大概率上就可以消除认知的偏差，避免损失。对于大多数规模庞大、品牌效应显著的公司来说，这种"惊吓"出现的概率并不高，整体投资的风险还是相对比较小的。

跨区域和差异化能力：经常被低估的认知盲区

"惊喜"对于品牌消费品更加稀缺，是专注品牌消费服务类型的专业投资人核心能力的体现和最主要的超额收益来源。正如上文提到的，品牌消费品很难被低估，主要基于其品牌影响力和庞大的投资人基础，只要定价过低，就会有投资人低位"捡漏"，另外，大量的投资研究机构都会给出紧密的跟踪报告，报告对于业绩的预测往往差距并不大，这是投资人面对的最大难度的挑战。

一方面，从全球的实践来看，一家企业跨区域、全球化的能力是容易被大部分投资人低估的一个优势。投资人短期虽然能够比较好地理解品牌消费品公司的基本面，但是由于品牌往往具有区域特点，投资人往往会低估品牌跨区域、跨文化和全球化能力对公司价值的影响，而具有国际视野的有经验的投资人可以准确地抓住这样的投资时机，在一个本土品牌国际化的过程中获益。

1989 年，星巴克只是一家位于美国西北部和芝加哥以及加拿大的有 28 家门店的小公司，在早期融资过程中，星巴克历经坎坷，多次被投资人拒绝，因为早期的投资人并不相信星巴克可以从一个区域性的咖啡厅发展成为全国甚至全世界知名的咖啡厅品牌。1995 年以前，星巴克在北美以外没有任何一家分店。然而在星巴克制定了国家化的发展道路以后，经过六年的发展，它就在全世界的 12 个国家建立了

400多家分店，2020年，星巴克财务总监宣布，预计到2030财年，星巴克在全球范围内的门店数量将达到约55 000家，星巴克从一个区域小品牌成长为全球性的大公司。自1992年星巴克股票上市后，星巴克市值从4亿美元增至2021年5月31日的1341亿美元，累积增长了334倍。星巴克作为一家咖啡厅运营公司，应该说其商业模式相对是比较简单的，大部分投资人都很容易接触到这家公司的产品和服务，可能楼下的街角就有一家。就是这么一家简单的公司，其涨幅如此巨大，显然投资人严重低估了其全球经营的能力，低估了其持续增长的能力。其结果是星巴克股价不断突破新高，不同于上市不久就被投资人把价格定在超高水平，早期投资人取得大部分收益，而后来的投资人无法享受公司增长的过程。实际的情况是，在全球化的经营环境下，一个国家的投资人对一个品牌在全球化的经营环境下的表现缺乏认知，容易低估一个优秀的公司在全球化过程中的能力，从而低估一个品牌公司的价值。

另一方面，投资人往往会高估大品牌公司在市场上的统治力，并低估"挑战者"成功的可能性；或者认为创业公司点子不错，但是如果行业内的大公司来做，则会轻易碾压创业公司的所有投入；或者已经发现有大公司正在做一样的事情，新公司不可能成功。但新的竞争者往往能够在市场剧烈变动过程中创造奇迹，在本来被认为不可能的市场竞争中站稳脚跟。

泡泡玛特就是在一片被质疑的环境中顽强生长的一类逆袭公司。其主要产品，盲盒，即买之前不能确定实际玩偶样式的一种玩具。盲盒商业模式并不是新经济的范畴，盲盒所属的玩具行业的产业链已经相当成熟和完善，而居于行业价值核心主导地位的不是玩具制造和销售公司，而是像迪斯尼这样的 IP 持有方，没有独立 IP 形象的玩具生产商基本上在产业链上居于代工厂地位，利润低，竞争激烈。持有大 IP（知识产权）的公司都是影视行业巨头，一家影业手上握有的 IP（知识产权）数量以及质量，往往会对其在业内的地位起到决定性的作用。泡泡玛特在不依托影视动漫形象的情况下，通过独立设计师打造玩偶形象，再以盲盒形式跟原有强大的行业规则对抗。从一般认知来说，这种对抗相当于唐·吉诃德对战风车，即使这个商业模式成功了，大公司好像也可以在短期内迅速复制这种成功模式，从而让挑战者成为"先烈"。事实上，泡泡玛特已经实现以市值千亿港元成功上市，行业的巨头也没有轻易转型打败盲盒公司。投资人往往会低估新的公司以差异化竞争战略挑战原有行业巨头的能力和决心，过高地估计行业的壁垒，从而低估行业"挑战者"的价值。

好公司摔跤的时候往往是最好的时机

品牌的建立是极其困难的，其过程就像建造大楼一样，投入大量的资本，在经历相当长一段时间的积累，才能在市场上得到消费者的认可，从而创造长期的价值。但是，品牌消费品同时也面临重大声誉风险，一旦产品或者服务出现瑕疵或者事故，都将深深伤害品牌形象，其破坏力不亚于一场大火对于大楼的破坏力。当事故发生时，消费者充满愤怒，各种负面消息连篇累牍，品牌形象遭受重大打击；同时，公司短期业绩大幅度下降，甚至出现巨额亏损；资本市场上投资人惶恐不安，投资人出于短期避险的心理，并不会仔细分析事件对于一个品牌长期的影响有多大，恐慌性的抛售使得公司股价往往大幅度下跌，甚至创出历史性的低价，这种时候对于一家品牌公司的打击是巨大的，也是对品牌真正的考验。

食品行业是一个比较典型的容易受到短期打击的行业，食品安全无论在哪一个时期，无论在哪一个国家，都是消费者至关重要的考量，如果出现食品安全问题，对品牌食品公司打击毫无疑问是巨大的。

2008年中国奶制品污染事件是中国一起典型的食品安全事故。事故起因是很多食用三鹿集团生产的奶粉的婴儿被发现患有肾结石，随后人们在其奶粉中被发现化工原料三聚氰胺。根据公布数字，截至2008年9月21日，因使用婴幼儿奶粉而接受门诊治疗咨询且已康复的婴幼儿累计39 965人，正在住院的有12 892人，此前已治愈出院1579人，死亡4人，事件引起各国的高度关注和对乳制品安全的担忧，中国国家质检总局公布对国内的乳制品厂家生产的婴幼儿奶粉的三聚氰胺检验报告后，事件迅速恶化，包括伊利、蒙牛、光明、圣元及雅士利在内的多个厂家的奶粉都检出含有三聚氰胺。该事件亦重创中国制造商品信誉，多个国家禁止了中国乳制品进口。2011年，中国中央电视台《每周质量报告》调查发现，仍有7成中国民众不敢买国产奶制品，可见当时事件对于消费者信心的影响有多大。

投资人当时也迅速采取行动，我国上市的乳业公司股价纷纷暴跌，一个月的跌幅都在50%以上，高的跌了近90%，可见当时投资人在恐慌心理的作用下不计成本地出逃，完全已经不考虑成本以及未来行业和公司的发展。但是，如果从最低点开始算起，事件以后，伊利股份股价翻了54倍，蒙牛乳业上涨了16倍，事件并没有给予两家龙头企业以致命打击，反而经此一役，大量的中小乳品公司破产，行业洗牌加剧，乳业公司的监管环境以及商业模式也发生了重大变化，行业树立起了高高的壁垒，龙头公司经受了考验，经历了一个价值回归并重回正轨的过程。

在品牌消费品领域，投资人往往也是消费者，在不利事件发生时，往往受到对产品本身产生负面情绪以及资本市场避险的双重影响，短期行为更为激烈，容易夸大事件对行业和公司伤害，从而低估行业和龙头公司复苏的能力。在事故发生时，龙头公司由于市场占有率高，反应快速，容易从低谷中慢慢重获消费者的信任，同时，消费者的行为会更加谨慎，其他小的品牌更加不易生存，头部公司的市场占有率反而会有所上升，整个行业的集中度会进一步提升，龙头公司抵御风险的能力也进一步增强。所以，短期情绪化的认知造成的股价大幅度下降是品牌消费品出现低估的事件性机会，基本面稳健的公司一般都不会给予投资人低价买入的机会，但是当影响行业的公共事件发生，行业遭遇重创时，只要龙头公司财务足够稳健，应对迅速合理，在危机中往往会产生非常好的介入时机，好公司摔跤的时候往往是最好的买入时机。但是，如果这个事件不是行业性的，只是个体行为导致的重大事件，结果则会大不相同，这时候对于其他竞争对手公司是一个千载难逢的逆袭机会，领先的公司也可能经此一役一蹶不振，因此，也要区别对待。

第 12 章　滚雪球的钓竿：消费趋势与品牌消费时代

把握人口结构变迁、收入增长和城市化进程

影响未来消费趋势长期变动的主要因素
- 人口的变动 — 人口结构：老龄化，Z 世代
- 人均收入水平变动
- 城镇化

品牌的集中度提升是消费品投资的趋势

投资原力来源
- 对消费类公司长期趋势的把握
- 对"护城河"的深刻理解
- 对目标公司被新技术、新格局颠覆的考量

全球化和代际消费习惯是中国消费品价值提升的核心

重要考量因素
- 1. 能否像可口可乐一样全球销售
- 2. 酒类公司是否能持续增长

人和团队是消费类公司核心驱动力

投资消费类企业重要的指标：企业家精神

相比周期类行业，消费类行业更依赖于创始人和核心团队

财务指标要结合公司基本面因素综合使用

不能高估财务指标的作用
- 应该探寻财务指标后面深层次的内涵和信息
- 应该结合环境、定位、战略、人员等核心因素进行更前瞻的判断

认知的认知：突破第一层认知的围栏

并非越努力越有效 — 只有超出大部分人的认知水平才会有效

跨区域和差异化能力：经常被低估的认知盲区

1. 具有国际化视野和投资经验甚为重要 — 容易忽略的重要因素
   - 跨区域
   - 跨文化
   - 国际化

2. 认知偏差 — 高估品牌的市场统治力，低估"挑战者"成功的可能

好公司摔跤的时候往往是最好的时机

好公司往往难以找到好的买点 — 抓住好公司摔跤的机会

第 13 章

硬科技：高风险下的精准撒网

馅饼和陷阱

硬科技公司主要基于研发和资产的投资，而研发又跟人才和积累密切相关，同时，技术发展进程的高度不确定，使得硬科技领域的投资回报具有"长尾效应"，往往大部分的公司都会失败，但是一旦公司研发成功，所取得的回报可以达到几十倍、上百倍，乃至成千上万倍。同时我们也注意到，科技为核心的公司具有赢家通吃的特征，即行业发展的红利往往被一两家核心公司所获得，硬科技的投资人面对的是一个不符合大数定律、平均回报的市场。

颠覆性科技前沿是未来硬科技领域公司在研发方面投入的重点，也是投资者关注的未来"新赛道"。硬科技作为研发推动产业，其"赛道"的路径也具有高度不确定性，芯片行业中的CPU、GPU，新能源汽车中的氢动力车和纯电动车，纯电赛道的不同电池路线之争，生物制药的各种管道，这些硬科技的创新都符合长尾理论，具有专业知识的投资人才具备优势，越是了解行业的技术细节脉络，投资的准确度越高。但是，从硬科技公司发展的历程来看，即使专业投资人也往往"打眼"，看起来最有希望的技术和公司反而不能成功，对于投资人来说，往往"馅饼"变"陷阱"，承担巨大的投资风险。

以因新冠疫苗研发而大放异彩的 mRNA 技术为例，在 40 多年研发过程中经历了跟所有新兴技术一样的遭遇，长达 40 年无人问津，其可用性差，安全性低，进展缓慢，mRNA 技术被认为是科学上的一潭死水。

mRNA 技术奠基人之一卡特琳·卡里科（Katalin Karikó），她研发了效率高达 95% 的新冠疫苗 BNT162b2。她始终坚持研究 mRNA 技术，虽然没有投资人看好，拿不到经费，自身被怀疑患上癌症，但最终证明她的研究是正确的，而众多投资人与之失之交臂，这一例子揭示了高科技行业投资的高度不确定性。

如今 mRNA 成为生物制药领域最热门的"赛道"，跟此技术相关的公司受到了投资人的热捧，投资人取得了丰厚的回报。这个领域的三巨头，CureVac AG、德国生物新技术公司（BioNTech）和 Moderna 目前呈现出三足鼎立之势。三家企业的研发管线已经占据了 mRNA 疗法里绝大部分的研发管线。目前，mRNA 技术两大应用领域，即传染性疾病和癌症，从新冠肺炎疫苗起步，mRNA 将重新定义疫苗的研发技术，技术驱动的公司一旦成功，无论是投资人还是用户都将获得巨大的收益，甚至推动人类社会的进步。

投资未来大趋势

从投资实践来看，科幻小说家关于未来恢宏的一般畅想是成功的科技公司投资人应该掌握的核心思维模式。一些科技投资人对未来世界发展趋势拥有敏锐的感知能力和预判能力，在产业发展的初期，他们就往往基于未来的图景，倾尽全力来抓住产业发展初期的机会，市场也给予他们超现实的感知能力以回报，在科技为核心的公司的成功投资，取得的回报往往是几百、上千倍，甚至有的公司能够给初期投资人提供上万倍的盈利机会。

未来是什么样的？未来十年乃至更长时间，哪些技术将引领人类社会的发展？哪些领域将出现现象级的投资机会，涌现出更多创新的公司？解答这些问题对应着作为核心驱动力的投资人和立足科技创新的创业者最核心的能力。可感知的未来，就是当前最应该关注的投资机会。比亚迪的王传福在一次接受采访时说，当时在创业时，发现中国经济高速发展，产业发展门类日新月异，他们没有去追赶热点，而是沉下心来考察产业发展的"缝隙"，电池就是他们找到的一个绝佳的机会，当时就觉得这个产业可以做大，但是做到今天，没想到公司可以做到这么大。在技术为核心的产业中，投资人和创始人思考问题的视角是一致的，关注的重点都是未来的世界以及当前的机会，公司的战略定位和对技术发展方向的判断直接决定了公司未来能走多远，这是这个类型的投资中最核心的课题。

以下我们列举了在科技前沿最著名的专业投资人、业内前沿企业及企业家对未来世界的看法，他／它们描述的世界对于我们在科技行业的投资具有很好的启发。

方舟投资

凯瑟琳·伍德（Catherine Wood）于2013年创办方舟投资。作为创始人、CEO、CFO，她的投资绩效非常突出，重仓特斯拉更是让她名声大振。她对未来科技投资的看法主要集中在以下11个方面：

1）深度学习。深度学习正在为下一代的计算平台赋能。20年间互联网大约为全球股权市场创造了10万亿美元的市值。伍德认为深度学习在未来20年有望创造3倍于互联网的市值，达30万亿美元。

2）流媒体。世界正从内容为王、渠道为王到"内容+渠道"为王。云端游戏也将出现爆发式增长。云端游戏有望夺取游戏机和PC游戏的市场份额。整个流媒体市场的复合增长率可达35%，收入将从2019年的860亿美元增长至2024年的3900亿美元。

3）电动车。伍德认为按照莱特定律（累计产量翻番，电池成本将下降18%），电动车的成本已经接近汽车。未来5年电动车的复合年增长率将达79%，至2024年电动车销量可达3700万辆。

4）自动化。工业机器人（制造）、服务机器人（物流、真空吸尘器、快递机器人、护理助手）与自动化系统（饭店、生产线）均属自动化范畴。预计2024年美国自动化产值可达8000亿美元，2035年有望达12万亿美元。

5）3D打印。3D打印是一种在计算机控制下层叠原材料，制造出物体的增材制造形式。预计3D打印的规模将从2018年的970亿美元增长到2024年的9700亿美元，复合年增长率达65%。

6）无人车打车应用（Autonomous Ride-Hailing）。机器人能让任何人和物的点对点运输成本降到打出租车的1/10。无人车打车有望成为城市地区的主流，拥有汽车不再是个人的首选，新的商业模式将会出现。

7）无人机。无人机在物流与食品甚至人的递送方面具备成本更低廉、更便利的优势。预计到 2030 年，无人机配送平台有望创造约 2750 亿美元的配送收入，390 亿美元的硬件销售收入，以及 120 亿美元的地图收入。

8）下一代 DNA 测序（NGS）。NGS 是基因革命背后的驱动力。NGS 将变革临床肿瘤治疗。未来 5 年预计 NGS 收入的复合年增长率可达 43%，从 2019 年的 35 亿美元增长至 2024 年的 210 亿美元。

9）生物技术研发效能。NGS、AI 以及 CRISPR 基因编辑的结合有望缩短药物研发周期，降低失败率，提高研发的回报，令生物科技的研发效能大幅提升。而研发效能的提升有望在未来 5 年内为医药医疗公司增加 9 万亿美元的市值。

10）数字钱包。

11）比特币。

邦德资本

玛丽·米克尔是现任风险投资公司邦德资本（Bond Capital）的普通合伙人，曾任摩根士丹利公司的首席分析师，1995 年，成功地将网景（Netscape）推入市场使得她声名鹊起。1998 年，她被《巴伦周刊》评为"网络女皇"，2010 年跳槽至风险投资公司 KPCB，后加入邦德资本。米克尔采用全局眼光以及自上而下的思考方式。大多数风险投资者的思维方式都是去想"为什么这个生意无法行得通"，而不是想它会发展到多大，而米克尔的思考方式恰恰相反，她能够敏锐地感知这个生意在未来是否有巨大的发展空间，是否具有改变世界的潜力。她对未来的预测能力使其在行业内得到了投资人的高度认可，虽然在2000年互联网泡沫破裂时，大部分的公司都跌幅巨大，也使得米克尔饱受争议，但是其坚持己见，最终随着市场的回暖，她的判断得到了业界的认可。

2020年，米克尔对疫情后的世界进行了展望，其核心观点是关注疫情后科技主要的趋势，包括：

第一，工作与生活再平衡。类似ZOOM这类视频云会议应用彻底改变了办公方式，居家办公成为新常态，分布式办公、利用网络"办公司"逐渐成为主流。

第二，数字转型加速。在线实体容易满足消费者需求，因此在经历疫情后将得到更大的发展空间。

第三，2020年可能成为科技+医疗的跨越之年，这次疫情暴露了医疗系统中的许多结构性问题。科技为医疗赋能，科技驱动医疗将成为未来医疗发展的一个重大趋势。

第四，后新冠的新世界中，游戏直播等应用场景开始进入社交或者商业应用场景中。

华为

华为结合各项公开趋势数据及信息通信技术产业发展情况做过一个预测：下一个10年，AI将改变一切，联结数量将达到千亿级，宽带速度每人将达到10 Gbps，算力实现100倍提升，存储能力实现100倍提升，家用智能机器人使用率超过18%。2030年，可再生能源占比超过50%；电气出行将成为主力，电动汽车销量占比超过50%；

ICT 技术在未来 10 年内,有潜力通过赋能其他行业,帮助减排全球碳排放的 20%。

华为在 2021 华为全球分析师大会上,首次提出了未来 10 年的九大挑战和研究方向:

1)定义 5.5G,支撑未来千亿元规模的多样性联结;
2)在纳米尺度上驾驭光,实现光纤容量指数级增长;
3)走向产业互联,网络协议必须优化;
4)通用算力远远跟不上智能世界的需求,必须打造超级算力;
5)从海量多模态的数据中高效地进行知识提取,实现行业 AI 的关键突破;
6)突破冯诺依曼限制,构建百倍密度增长的新型存储器;
7)将计算与感知结合,实现多模交互的超现实体验;
8)通过连续性的健康监测实现主动健康管理;
9)构建智慧能源互联网,实现绿色发电、绿色储电和绿色用电。

腾讯

马化腾认为,移动互联网将向"全真互联网"升级,"又一场大洗牌即将开始,上不了船的人将逐渐落伍"。马化腾认为,移动互联网即将迎来下一波升级,我们称之为全真互联网。他认为,信息接触、人机交互的模式将发生更丰富的变化,线上线下一体化、实体和电子相融合,随着 VR 等新技术、新的硬件和软件在各种不同场景的推动,移动互联网将迎来向"全真互联网"升级。马化腾认为,未来十年,AI 将进入高速增长期,智慧医疗是腾讯的发展重点。

综合以上观点我们不难看出，深度学习（AI）、医疗（智慧医疗）、新能源（电动汽车）等都是不同顶级专家共同关注的核心领域，未来的科技创新都聚焦在这些核心领域，在这些领域必将出现强大的创新型公司，颠覆现有的竞争格局以及创造新的价值。对于科技创新领域来说，识别科技的主流创新方向至关重要，"在有鱼的地方下网"对于科技创新公司极其重要。创新具有"长尾特点"，注定了科技创新引领的公司很多必将失败，成功的毕竟是少数，这也是这个领域投资的魅力所在。对于创新方向的准确押注，即使不能精准在早期阶段就识别哪家公司是未来的"真命天子"，只要有效地多点下注，最后的投资收益也将趋向于行业的平均水平。从科技行业的整体回报率来看，无论是中国还是美国，最近十年资本市场的投资收益率都高于市场的平均水平。

如果下注的方向错误，其结果往往是灾难性的。以日本为例，20世纪80年代以后，日本政府希望在短期内使科技水平超越欧美。从80年代到90年代，日本政府先后策划了两次高科技冲刺，即第五代计算机计划和高清晰模拟电视计划。两次计划均以失败告终，导致日本计算机技术与美国差距拉大。日本政府于1981年公布了一项雄心勃勃的计划，要组织各大公司开发一种高智能计算机系统，称为第五代计算机。该系统包括问题求解与推理、知识库管理和智能化人机接口三部分，类似于目前最热门的AI技术的构想。日本政府严重低估了这项工程的难度。虽然所涉技术当时已有人在研究，但仅处于探索阶段，前面的路还很漫长。日本政府竟打算用十年时间凭本国力量独自完成。这项计划从1982年开始启动，到1992年，历经十年，耗资四亿美元，日本政府宣布计划失败。技术的发展具有其内在的发展规律，超前的做法或者不切实际的幻想不能替代现实的发展阶段，即使过去了30年，日本当年的设想今天实现起来仍然非常困难。作为投资人，如果对重大的趋势和技术发展规律判断失误，将陷入血本无归的尴尬境地，这也是投资科技为核心驱动的公司最大的风险因素。

"硬科技"需求是冰山可见的部分，不可见的部分才是关键

科技创新作为各国发展战略重心，一直得到政策倾斜，以科技创新为核心的"硬科技"领域，需求是最容易被识别的公司发展的潜在着力点。在需求层面，在技术快速迭代的行业内，类似5G技术、自动驾驶汽车等核心技术突破能够完全开启一个新的时代，创造全新的行业，并激发出巨大的新需求；技术突破意味着对原有产业的颠覆，在医疗领域，新的药物完全替代原有的主力药品，甚至治疗的方式也完全被颠覆，虽然整体行业增速不快，但是领先公司的增速远高于行业的增速，直到完全替代原有的技术。

技术领先的公司凭借技术优势，快速扩大产能，形成规模优势，同时，推动产业技术标准进一步提升，从而在相当长的时期实现对市场的垄断，这是大部分硬科技公司典型的价值成长模式。

整体上我国在科技领域都处在跟随和赶超的阶段，所以在微观层面，我国"硬科技"产业大部分领域跟国际一流的技术水平仍有一定的差距，这是我国"硬科技"公司的显著特点。但是我们也看到，有些领域我国的科技公司跟国际水平已经接轨，强大的需求、技术的领先，以及我国产业链齐全、成本低的优势得到了充分的发挥，在电池尤其是动力电池、无人机、摄像头、医药等领域，龙头公司已经具有了国际竞争力，资本市场给予了充分的认可，早期的投资人也都收获了几千倍甚至上万倍的财富回报，充分证明了"硬科技"创新的价值所在以及对于投资人的重要性。

但是需求逻辑并不能成为投资的唯一因素，只看需求甚至成了在"硬科技"领域投资失败的主要原因。

投资人应该意识到，创新公司存在"创新者的困境"，我们将其定义为"硬科技"公司的第一类风险。在产业发展初期，当市场还没有形成规模时，科技创新公司由于在研发上的持续投入以及需求不明朗而陷入财务困境。研发投资过晚显然错失良机，但是在需求还没有形成，技术储备还不足够的时候大笔投入研发，也难见成效，甚至在十年乃至更长的时间内也无法取得进展，也许表面看起来已经取得了巨大的进步，技术的产业化已经就差一层薄薄的窗户纸，但是就算只是最后的一层，也可能导致全盘皆输，科技创新的不确定性和残酷性就表现于此。近期一家上市公司宣告研发了十几年的"乙肝疫苗"彻底失败，这个项目一度得到众多专家的认可，投资人也对此满怀期待，但是在耗资巨大以及多年投入之后，最终的结果还是不尽如人意，"硬科技"的投资人跟公司一样，需要在时间和资金上忍受煎熬。

国内医药行业近年来取得了长足的进步，目前至少从表面上看与国际顶尖技术之间的差距在迅速地缩小，在一些细分领域上国内企业的药物研发技术正在弯道超车，赶超国际先进水平。同时，我国老龄化导致药物需求日益增长，给医药行业提供了需求增长的外部环境。但投资人不能把需求的确定性增长简单看作投资机会。应该看到，我国引进药物的速度在加快，像癌症这样的疾病，中国现在治疗用的药物和美国癌症病人服用的药物之间的技术代际差已经不那么大了。我国的药品原研药面临跟国际一流水平同台竞技的局面，真正的"硬科技"能力成为一家公司竞争优势的根本。从新冠疫苗的研发也能看出，全球科研机构和公司都在跟时间竞赛，股市上公司的涨跌就是这场竞赛最好的裁判，公司的股价往往根据一个研发的结果就产生巨大的震荡。中国企业在这场竞赛中表现抢眼，在全球范围内，也只有美国、英国、俄罗斯等强国具备在研发上的竞争优势，未来，硬科技公司之间在研发上的竞争只会更加激烈，"创新者的困境"将成为尚未形成产业竞争方向的、以研发为核心的硬科技公司的持续风险和价值所在。

等到产业发展趋势明朗，众多竞争者进入行业，竞争加剧，初期胜出的公司并不一定会保持长久的竞争力，相反，可能在行业竞争中被淘汰出局，这是"硬科技"公司的第二类风险。现在很少有人知道王安电脑这个品牌，但是当年的王安电脑是美国行业霸主，连IBM、微软、苹果这些今天看来的巨型公司在当年都把王安电脑当作最主要的竞争对手，其在美国一度保持领先的市场地位。但是，今天这个品牌早已灰飞烟灭，不复存在。科技创新的"硬科技"公司不但要面对创新本身的风险，还要在技术可行性和需求的不确定性之间走钢丝，随时都有掉下来的风险。即使幸运如王安电脑，已经在创新和需求之间找到了完美的平衡点，市场被证明存在大量的需求，随着竞争对手的蜂拥而至，先行者也不一定是胜利者，先行者可能最早倒下，被市场所遗忘。

以光伏行业为例，行业早期的时候，产业政策还不明朗，行业内公司盈利能力弱，行业竞争相对比较宽松，投资人在这个阶段承担技术和需求不明朗的风险。随着新能源成为世界的主要潮流，国家的产业政策也明朗了，当行业整体基本越过盈亏平衡点的时候，大量公司开始涌入这个行业。行业进入激烈拼杀的产业进阶阶段，只有财务实力雄厚、技术迭代速度快的公司才能在惨烈的产业升级淘汰赛中生存下来，行业走向集中的过程就是大量公司被淘汰的过程。从产业整体来看，光伏价格的不断下降使得需求更加明朗。从微观公司的角度来看，从产业初期到现在，需求是真实存在的，只关注需求显然是远远不够的，因为我们投资的是股票，是某一家公司，其在不同的阶段都面临巨大的不确定性，不是简单关注需求就能够确保投资成功，很多时候投资人猜中了开头，但是往往错估了结局。

对于追赶者而言，并不是看到明确的技术趋势和需求就可以稳操胜券，追赶者面临长期陷入被动价格竞争的"追赶者风险"，这是"硬科技"公司的第三类风险。从芯片、显示屏、移动通信等当代最重要的半导体、通信和显示技术的发展可以看到，领先者一旦在行业早期站稳了脚跟，确立了竞争优势，就具备了一种被称为"先行者优势"的基因。先行者可以利用行业优势，不断升级技术门槛，利用"摩尔定律"等加快投资和研发速度，从而在动态中保持在规模和研发两方面的优势，从而保持在行业内阶段性的垄断地位。等到追赶者跟自己的距离近到了"一代"的距离，就将落后技术大幅度降价，让追赶者时刻处于巨大的财务压力之下，追赶者的投资人在很长时间内可能无法取得合理的回报。

投资者通常还有一个误区，认为政府支持的行业都会长期向好，政府鼓励投资的产业方向肯定是好的投资机会，"以宏观替代微观"是硬科技的第四类投资风险。投资者投资的标的是上市公司的微观个体，产业整体的成功跟一个特定公司的价值不是简单的映射关系，因为国家对某个行业的支持或者扶持是从国家安全和产业立国的角度出发，但投资是从企业创造价值的角度出发，这两者之间不是必然统一的，完全可以出现产业从弱小到具有国际竞争力，但是行业反而整体盈利能力下降，某些公司亏损甚至破产的情况。从改革初期的"三来一补"，以外贸为导向的制造业，到大规模基础设施建设，装备制造，重化工业的崛起，以及目前的科技创新为核心的国家战略，产业政策都贯穿始终，在不同的阶段发挥了重要的作用。随着我国经济的快速发展，重点产业的更替也是一个显著的特征，因此，不能简单认为政府扶持的产业永远都会得到政策的照顾。

另外，随着产业的发展，我国很多产业都出现了向头部公司集中的现象，同时很多公司被淘汰，政策扶持也不能避免行业内激烈的竞争，只有竞争才会使产业的效率大幅度提高，所以不能简单直接得出政策支持的行业值得长期投资的结论。以芯片行业为例，国际政治环境动荡导致我国技术和产品面临"断供"风险，我国产业发展必须要突破卡脖子的芯片技术，从政府政策来看，政府大力支持和发展这个行业，支持芯片技术发展的快速技术迭代。同时我们看到，国内芯片行业的技术水平和世界一流芯片的技术水平之间有着巨大的代际差，技术水平差别的背后是几千亿甚至上万亿元的投资需求和超高强度的技术赛跑，国内的公司就处于追赶者的位置。

十年前，我国的液晶显示屏行业也经历了追赶的过程，在液晶显示屏领域，国内的企业一直处于被动的跟随状态，但随着显示技术发展的速度逐渐下降，我国企业已经赶上了国际先进水平。回顾产业发展历程，只有真正有竞争力的公司最终才能享受到产业稳定发展的红利,而不是每一家公司都取得了成功。就芯片来讲,国内的主流技术水平现在处于28nm阶段,而国际一流水平已经到了7nm,甚至1nm的技术也已出现。我国技术跟国际主流技术的代际差需要巨额的资金和大量的时间来填补,即使有政府政策的扶持,跟随者的风险也仍是投资人面对的真实风险,只有真正的长跑冠军才能胜出,而胜出的注定是少数。

互联网为核心的新商业模式公司虽然也被归类于科技创新公司,但它们不太符合上面说的这个规律。比如在移动互联网打车行业,初期的竞争很激烈,然后行业内的玩家数量越来越少,直至只剩下个别几家行业头部公司,形成寡头或者垄断,没有新的参与者能进入这个行业。我们定义的"硬科技"公司,并不包括以移动互联网为核心载体的新商业模式公司,它们宜归类在新商业模式这种投资类型。

总体来说,投资者如果只看到有巨大的市场需求,但看不到未来的行业竞争格局,就会陷入我们定义的四类投资风险。要想避免这样的投资陷阱,不仅需要从上往下看到巨大市场需求,还要从下往上看行业的竞争格局并深刻理解微观公司的竞争能力,这样才能把握"硬科技"公司核心投资逻辑。

量化思维:发现种子选手的筛子

"硬科技"公司存在四类投资风险,投资具有高度的不确定性,同时,科技行业整体的投资回报率在近几年一直保持非常高的水平,给投资人带来了丰厚的回报。在一个失败率高的领域投资,如何提高胜率和回报率是投资人面临的棘手问题。

因此，有必要引入量化思维，对数以千计的公司进行筛选。因为我们知道：①不是所有的公司都会成功，在"硬科技"领域，成功是小概率事件；②不能自下而上把所有的公司都研究一遍，因为科技包罗万象，每一个细分领域都有其独特的技术细节，如果每一个细分领域的每一家公司都研究一遍，成本无疑是巨大的，也是很难完成的；③技术日新月异，动态跟踪的难度往往大于简单覆盖研究的难度。因此，有必要通过数量化的指标，把公司分成好的公司和不太好的公司，这样就可以有的放矢，大大提高投资研究的精准度。

美国芝加哥大学的金融教授法玛（Fama）教授，在2013年获得了诺贝尔经济学奖。法玛教授和另外一名教授肯尼斯·弗兰奇（Kenneth French）共同合作提出的一个股票回报模型，叫法玛-弗兰奇三因子模型（Fama-French three-factor model）。在这个模型中，法玛和弗兰奇提出，美国历史上的股票回报，很大程度上可以用三个因子来解释。这三个因子是：股票市场总体回报（贝塔）、小股票超额回报，以及价值超额回报。法玛和弗兰奇教授将股票的回报分解到因子的层面，这样就把公司分层了，他们的研究揭示了什么样的股票可以获得超额回报。

将法玛和弗兰奇的研究进行延伸，针对"硬科技"的成长性公司，通过因子分析，也可以构建一条线，通过数据把更可能取得超额回报的公司挑选出来，这样的"胜者"组合就具备战胜指数的能力，这就是智能贝塔ETF基金设计的核心逻辑所在。

在构建分开"胜者"和"败者"之间的线时，量化机构往往选取成长因子衡量企业未来的可持续成长能力，常用营收、利润的过去及预期增长率来表征。成长因子相对更注重收入、利润的成长性，因此其增长趋势相比数值更为重要。成长因子中使用的指标包括过去5年的销售增长率、过去5年的利润增长率、未来3年的预测盈利增长率以及未来1年的预测盈利增长率。智能贝塔ETF基金产品就止步于此了，量化投资团队不会深究被挑选出来的是哪个行业哪一家公司，以及这家公司的具体业务和技术，通过模型挑选的一揽子公司比剩下的公司好，整体回报好就可以了，大数定律在这里发挥作用，几百甚至上千家公司整体成败是此类投资的核心。目前世界上最大的策略基金就是一只成长策略基金，安硕罗素1000成长指数ETF，规模达到了416亿美元。罗素1000成长指数也不负众望，近十年年化收益率达到16.6%，高于罗素1000价值指数12.26%的年化收益率，这与FAANG等科技股的成长有巨大联系。

科技股往往上市的定价就比较高，同时股价波动幅度巨大，投资人往往在波峰波谷中丧失了对公司基本的判断，股价跟公司业绩增长之间的关系也是成长股或者说科技股投资人面对的一个核心问题。

GARP[一]策略可以合理解决科技股估值问题。投资大师彼得·林奇（Peter Lynch）利用该方法在1977~1990的13年间创造了年平均收益率高达29%的传奇业绩，实现基金投资业绩同业排名第一。

GARP策略把估值高低的问题转换成了"如果当前的估值是合理的，那么公司业绩需要保持怎样的增长率"的问题。资本市场的价格大起大落，受到各种因素的影响，但是对于一个对科技公司有深刻理解的专业投资人来说，理解公司的增长以及增长可持续性比理解公

[一] GARP（growth at a reasonable price）是一个混合的股票投资策略，目标是寻找某种程度上被市场低估，同时又有较强的持续、稳定增长潜力的股票。

司的股价要容易得多，因此，GARP策略的应用是专业投资人的一把钥匙。

智能贝塔和GARP策略给了我们投资科技股的一些启示，即最终能够成功的创新的公司，在其成长过程中，其财务数据或者其他的数据应该能够反映出一些特征，通过捕捉这类的特征，就可以找到那些最终胜出的科技公司的线索。在科创板、注册制的背景下，A股几乎每一天都会有公司上市，"硬科技"又是当前市场上市的主流，因此，如何在海量的公司中缩小范围，把精力放在最可能胜出的公司上，筛选的标准以及筛选标准的有效性至关重要。当然，仅仅依靠简单的财务数据以及大数据分析的方式来认识"硬科技"公司是远远不够的，真正的王者除了在财务上表现出特异性，更重要的是其技术、人才、专利、客户、销售等不能通过财务指标反映的核心要素上。通过筛选的公司在没有其他信息的情况下相对其他公司值得重点关注，但是那些隐藏在财务数据背后的"科技含量"才是真正需要识别的核心竞争优势，这跟投资人自身的能力有关，所以说，量化的方法是一个筛子，帮助投资人缩小范畴，真正把精力聚焦在值得关注的公司上，接下来我们来探讨那些隐藏在财务数据背后的成功的科技公司特征。

硬科技：相同背景专业团队比较容易成功

在车库创立苹果前，沃兹在惠普，而乔布斯在雅利达工作。当时的乔布斯经常邀请沃兹参与到雅利达的项目之中。乔布斯在后来说服了沃兹离开惠普，全职进入苹果工作。作为苹果早期最重要的工程师，乔布斯和沃兹相同的工程师背景使得苹果得以成功。

诺伊思和摩尔联合创建了大名鼎鼎的英特尔，而此前，他们两位跟其他的六个人，一共八位博士在肖克利半导体实验室的工作，之后他们又共同加入了仙童半导体公司，相同技术背景的同事也是硬科技公司创业成功的一个范例。

mRNA 奠基者考里科（Kariko）碰到了免疫学家韦斯曼（Drew Weissman），两人开始共同对 mRNA 展开研究，从而一举突破技术瓶颈，开启了一个全新的药物研发体系。

总结：技术就是王道

只要有卓越的人才的团队和专注于改变世界的技术，是否有清晰商业模式和可靠的盈利的目标并不重要。英特尔、苹果都是技术先进的高科技公司，美国硅谷走出来的大批硬科技公司，从肖克利半导体实验室到仙童半导体公司，再到英特尔，包括后来的高通、思科、网景、特斯拉、SpaceX，可以看到由技术驱动的公司清晰的发展路径。而到了苹果技术加产品和商业模式为核心驱动的时代，使得硬科技公司更上一层楼，但是，始终，技术是硬科技公司的核心竞争力，投资人必须对技术高度重视，自身有丰富的技术背景知识支撑，否则就会陷入技术的海洋中，无法准确评估技术和公司的核心，从而无法在硬科技的投资中保证投资的精确度，我个人认为硬科技对于大部分投资人来说，还是门槛比较高的一类高风险的投资。

第13章　硬科技：高风险下的精准撒网

馅饼和陷阱

- 今天的馅饼可能是明天的陷阱
- 硬科技的技术突破具有高度的不确定性

投资未来大趋势

投资未来 — 凯瑟琳·伍德的建议
- 深度学习
- 流媒体
- 电动车
- 自动化
- 3D打印
- 无人车应用
- 无人机
- 下一代DNA测序
- 生物技术
- 数字钱包
- 比特币

"硬科技"需求是冰山的可见部分，不可见部分才是关键

- 需求在硬科技领域不能成为投资的唯一决定因素
- 需要综合考虑研发竞争、技术趋势、政策、产业竞争等供给侧因素

量化思维：发现种子选手的筛子

利用数据把"胜者"和"败者"区分出来

1. 缩小目标范围避免投资困境 — 困境
   - 不是所有公司都会胜出
   - 技术包罗万象，很难自上而下全部研究透彻
   - 企业数量众多，技术日新月异，跟踪成本高

2. 参考指标/模型
   - 成长类指标
   - GARP模型

硬科技：相同背景团队比较容易成功

可验证的经验
- 苹果公司的乔布斯与沃兹
- mRNA技术的奠基者考里科与免疫学家韦斯曼

总结：技术就是王道

1. 硬科技公司，技术就是王道
   - 卓越的人才
   - 专注于改变世界的技术

2. 是否有清晰的商业模式、盈利目标在初期并不十分重要